KB234092

런던 아줌마의
잉글리쉬 생활

런던 아줌마의
잉글리쉬 생활

초판 1쇄 펴낸 날 2010. 11. 22

지은이   김은영
발행인   홍정우
편집인   이민영
디자인   문인순
발행처   브레인스토어
등록   2007년 11월 30일(제313-2007-000238호)
주소   (121-841)서울시 마포구 서교동 465-11 동진빌딩 3층
전화   (02)3275-2915~7
팩스   (02)3275-2918
이메일   brainstore@chol.com

ISBN 978-89-94194-15-8(13740)

값은 뒤표지에 있습니다.
잘못 만들어진 책은 구입하신 서점에서 바꾸어 드립니다.

런던식 생활영어로 수다를 떨어줄게~listen up!!!

런던 아줌마의
잉글리쉬 생활

김은영 지음

BRAINstore
브레인스토어

'서울 촌년'이라는 말은 나 같은 사람을 두고 하는 말이었다. 천호동 집과 중학교, 천호동 집과 고등학교, 천호동 집과 대학교, 천호동 집과 영어 학원. 세상이 아무리 커도 내가 살았던 세상은 그게 다였던 서울 천호동 깡촌년. 비행기를 타는 일은 '신혼여행 갈 때' 뿐일 거라는, 나이 사십 줄이 다 된 지금 생각해보면 '그때는 왜 그렇게 생각했을까?' 싶지만, 당시에는 그것이 너무도 자연스러웠던 서민 중에 서민 가정 출신. 어디 하자가 있는 거 아닌가 싶게 그 흔한 연애 한 번 못 해보고 30대가 된 딸이 어느 날 갑자기 천호동에 투하한 국제결혼이라는 폭탄은 서민가정 부모님에게 그야말로, '이제 가면 언제 오나, 10년 안에 한 번이라도 볼 수 있을라나, 이제 내 딸은 가면 끝이구나'를 의미하는 거였다.

드라마에서 무수히 봤지만 현실은 다를 거라, 아니 내 딸만은 그래도 다를 거라 여기고 결혼을 반대했던 부모님은 '자식 이기는 부모 없다'는 드라마 진리를 '못된 딸년'에게서 호되게 배우고, 무수히 봤던 그 드라마들처럼 '비련의 부모님'이 되셨다. 그리고 필과 처음 만나는 자리에서 엄마는 정말 무슨 드라마 대사에나 나올 법한 질문을 필에게 던졌다. 마치 고두심 씨나 된 양.

"내가 이렇게 힘들게 내 딸을 주는데, 삼십 평생 곱게 키운 내 딸을 주는데, 필은 나한테 뭘 줄 건가?"

'주긴 뭘 줘, 줄 게 뭐 있나, 필이 뭐라고 답을 할라나, 암만 생각해도 줄 거

없는데.'

하면서 통역을 해줬는데 의외로 질문이 떨어지기가 무섭게 필이 대답을 했다.

"이 다음에 저희가 아이를 낳겠지요. 그러면 할머니, 할아버지가 손자와 대화할 수 있는 기쁨을 드리겠습니다."

그래 뭐 굳이 꼬투리를 잡자면, 아니 세상에나 할머니 할아버지랑 대화 못하는 손자가 어딨다고 기쁨은 무슨 놈의 기쁨이야 당연한 거지 할 거고, 눈물 찍, 콧물 찍 감동스럽게 들어주자면 한국말을 못할지도 모르니 그게 기쁨이라면 기쁨이 될 수도 있겠네 두 가지의 해석이 가능하겠다.

'비련의 부모님'을 등지고 영국으로 떠난 '못된 딸년'이 어느 날 갑자기 수학선생이 되어 돌아오는 바람에 '개천에서 용 낳은 부모님'으로 역할이 바뀐 그분들은 그때 그 자리를 잊으시고 보통 할머니, 할아버지들처럼 유원이와 얘기를 나누실 것이다.

손자와 대화할 수 있는 게 당연한 게 아니라 기쁨이라는 단어로까지 묘사될 수 있는 삶을 살아가는 한 아줌마와 그 아들, 그리고 그 약속을 지킨 한 영국 남자의 이야기를 해볼까 한다.

2010
김은영

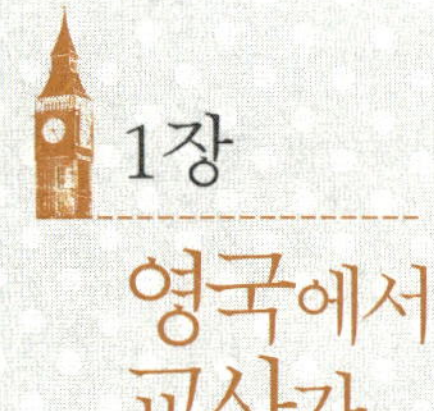

1장
영국에서 교사가 되다

BUCKINGHAM PALACE
ST JAMES'S PARK
BUS STOP
TATE MODERN

영국에서 교사가 되다

"은영 씨, 자기 생일이 언제야?"

"왜요?"

"으응, 내가 인터넷에서 사주 봐줄게. 여기 사무실에 있는 영국 직원들 거 다 해봤거든. 다들 재밌다고 난리야."

"그걸 꼭 오늘 봐야 돼요?"

"재밌잖아. 얼른 생일 가르쳐줘봐."

"그게 말이에요. 사실은…… 오늘이에요."

"뭐라고?"

같이 통역일을 하던 언니는 여느 때처럼 생기발랄한 목소리로 전화를 걸어 내 생일을 물었다. 그리곤 다른 사무실에서 허겁지겁 우리 사무실로 뛰어온 언니는,

"에브리바디! 오늘이 은영이 생일이래요. 해피버쓰데이, 해피버쓰데이."

그러며 어디 동네 불이라도 난 양 사무실의 정적을 깼고, 매니저는 얼른 과

자라도 사오라며 지갑을 열었다.

나는 내 생일을 별로 좋아하지 않았다. 내 생일이 있던 12월은, 대학을 졸업하는데도 오라는 회사가 없어 회색빛이 되더니만, 그 다음 해부터는 줄줄이 떨어지던 통역대학원 시험으로 인해 숯검댕이 빛이 되었다. 그냥 나 혼자 아프고 넘어가도 될 12월은, '그래도 생일인데 축하를 해줘야 되나, 아님 혼자 그냥 두어야 되나' 주변사람들까지 내 눈치를 보게 만든다는 생각에 더 아프고 힘들었다.

'밥'을 남보다 좀 많이 먹어서 뚱뚱하거나, 아님 정상적으로 하루 세 끼를 먹었지만 가는 해를 잡고, 오는 해를 막는 능력은 없기에 '나이'를 남보다 조금 많이 먹으면 제 밥벌이하기가 힘들어지는 희한한 나라. 밥값을 해보겠다고 나름 노력하느라 밥 나이를 좀 먹으면 밥값 기회가 주어지지 않으니 결국은 '나이 들어 밥값도 못하는 사람'이 자연스레 되어버리는, 밥에 얽힌 이상한 논리가 존재하는 나라. 더 이상은 밥이 아까운 인간이 되지는 않아야겠기에 간신히 어디 조그만 회사, 사장 비서로 취직했다. 영원히 밥값을 못하면 어쩌나 했는데 천만다행이었다.

근데 3개월 만에 일 못한다고 잘렸다. 누구한테 걷어차였다는 사실에 기분은 나빴지만, 나도 그 일이 너무 싫었기에 한편으론 속이 후련했다. 어쩌면 잘리고 싶어서 일을 못했을 수도 있다. 나는 그때 늘 슬픈 청춘이었다.

나에게 밥값을 할 수 있도록 손을 내민 곳은 밥 많이 먹었다고 구박 안 하는, 빵 값을 주는 영국 회사였다. 나는 신이 있다면 묻고 싶다. 내가 학교 다닐 때 남들 다 도망 다니면서 청소 안 할 때 묵묵히 교실 청소, 화장실 청소 열심히 한 상을 그때 준 거냐고.

별 기대 없이 이력서를 보냈는데, 영어로 인터뷰를 해보더니 바로 일해보자고 했다. 자격증 가져와라, 아버님은 뭐하시는 분이냐, 뭐하다 나이를 이렇게 먹었느냐, 그런 건 묻지 않았다. 엊그제까지 밥충이었던 슬픈 청춘의 명함에는 '통역 김은영'이 박혔다.

그렇게 해서 남들이 눈치 안 보고 맘껏 생일축하를 해줘도 되는 첫 번째 생일이 왔을 때, 불행히도 나는 친구들과 식구들이 있는 서울과는 먼 곳에 있었다. 오늘이 내 생일이라고 광고를 하는 성격도 못 되는지라 집에 가서 텔레비전이나 보지 뭐, 하던 차에 당시 유행하던 '인터넷 사주보기'를 하필이면 내 생일날 해보고 싶었던 언니.

"왜 생일이라고 말 안 했어?"

같이 사무실에 있던 필을 포함, 모든 사람들은 뒤늦게 과자부스러기를 먹으며 생일 축하를 해주었다.

"내가 오늘은 선약이 있고, 내일 저녁이라도 사지."

"I've got an appointment today so I will treat you to dinner tomorrow."

같은 사무실에서 일하며 그저 마음 잘 맞는 회사 동료 이상도 이하도 아니었던 필과 나는, 다음 날 그저 마음 잘 맞는 회사 동료로서 같이 저녁을 먹었는데 지금 생각해보면 바로 그때 천호동 촌뜨기의 새 역사가 쓰여지기 시작한 게 아닌가 싶다. 그리고 학교 다닐 때 전교에 있는 화장실 청소를 365일, 3년쯤 꼬박 했어도 못 받을 만한 상을 받고 과분한 인생을 살고 있는 나.

생일이지만 잠자코 앉아 일하고 있던 사람 사주를 봐주겠다고 생일을 물었던 언니는 누구의 사주를 받은 것일까. 운명의 장난 신?

내가 영국에서 선생을 할 수밖에 없는 이유

필은 말한다.

"당신은 누구보다도 영국에서 행복해야 해. 모든 걸 버리고 영국에 왔잖아. 우린 싸워도 안 돼. 다른 한국 여자들 같으면 남편이랑 싸우고 삐쳐서는 보따리 싸가지고 갈 친정이라도 있지만, 당신은 그렇게 찾아갈 친정도 없잖아."

"You should be the happiest person alive. You gave up everything to marry me and live in the UK. We shouldn't argue. Most Korean girls can go to their parents' after arguing with their husbands but you've got no where to go."

"아이고, 기특도 하셔라, 그런 생각까지 하셨쩨여?"

"Did you really think so? You deserve <u>a pat on the back</u>!"

> 'a pat on the back' 하면 기특해서 어린아이 등을 툭툭 두드려주는 것 정도를 상상하면 된다. '잘했다' 칭찬해주는 뜻으로 쓰면 'Well done!' 과 비슷하다.

"아니 뭐, 그런 생각이 들더라

구."

"내가 선생이 됐으니까 하는 말인데, 사실 나, 내가 영국에서 선생이 될 거라는 확신이 없었으면 절대 당신 하나만 믿고 여기 오진 못했을 거야. 한국말도 못하고, 친구도 없고, 식구들도 없고. 그런 곳에서 남자 하나 믿고 산다는 거? 내가 연애 한 번 똑소리 나게 못해보고 첫사랑한테 시집 온 숙맥이지만 드라마는 많이 봤거든요. 사람은 현실에 따라 변하기도 하더라구요. 나라고 뭐 예외겠습니까. 한국에서는 통역사 하겠다고 나름 꿈도 있었던 내가, 하루 종일 남편을 기다리며 집에 있는다? 글쎄, 혀 꼬부라진 소리만 나오는 나라에서 한없이 외로울 수도 있는 그 일을 내가 할 수 있을까. 자신이 없더라구. 난 그래서 반드시 선생이 되어야만 했어. 내가 더 행복해지기 위해서. 가능하다고 믿었거든."

내가 영국에서 가질 수 있는 직업으로 선생을 생각한 이유는 이렇다.

한국에서 한국 사람들과 일해 본 경험이 있는 필은 내가 한국 회사에 취직하는 걸 원치 않았다. 나 역시 휴일도 없이, 가정을 포기하고 회사에 온 몸을 바치는 한국 회사 분위기는 영국에 있더라도 마찬가지일 거라는 생각이 컸다.

그렇다면 영국 회사는, 회사라는 특성상 전화 통화를 해야 할 텐데, 나는 전화 통화에 자신이 없었다. 얼굴을 보지 않고 소리만 듣고 하는 대화. 모르는 동네 이름이라도 갑자기 튀어나오면 나는 분명 정신이 멍해져서, "뭐라구요? 아, 스펠링이 어떻게 되는지?"할 거다. 영국 사람이라면 다 아는 동네, 예를 들어 '천안' 정도 되는 동네를 몰라서 상대방한테 "치읏, 어, 니은 받침, 이응……" 이렇게 불러달라고 해야 된다는 얘긴데 전화 건 사람이 얼마나 황당하고 답답하겠는가. 늘 얼굴을 보고 커뮤니케이션을 할 수 있는 선생이 '딱'

이었다. 이곳에 살면서 점점 더 느끼게 되는 게 '내가 미래를 보는 눈이 있었던 게지'란 생각인데, 온갖 국적이 다 모여 있고, 지역마다 영어 악센트가 아주 심하게 다른 영국 영어는 나로서는 정복 불가능한 산 같다. 다른 악센트의 영어를 매일 따로 공부한다면 모를까, 내 어찌 정복 불가능한 산을 전화로 오를 수 있겠는가.

"나 오늘 차 안에서 혼자 울었다? 눈물이 주르르 나더라구."

돌려서 뭔가를 얘기하면 절대 그 깊은 뜻을 헤아리지 못하는, 학교에서 은유법, 직유법 같은 걸 배울 때 그런 건 일상생활과는 전혀 관계가 없으니 학교를 안 다니게 되면 다 까먹어 버리라고 배운 듯 살아가는, 한 마디를 하면 열 마디를 알아듣는 게 아니라 반 마디도 못 알아듣는 '전형적인 화성에서 온 남자' 필은 무슨 안 좋은 일이 있었냐는 듯 "왜?" 했다.

"오늘이 나 첫 출근하는 날이었잖아."

"첫날부터 안 좋은 일이라도 있었던 거야?"

"아니, 그런 건 아니고."

"근데 왜 울었어?"

"내 동생이라면 딱 알 텐데. 역시 화성남자는 모르는군. 차 시동을 키고, 운전대를 잡았지. 그리고 한국 발라드 노래를 틀었어. 4단 기어 넣고 뻥 뚫린 길을 달리는데 눈물이 주르르 나더라구. 사실 나 운전 연습한 것도 결국은 오늘을 위해 한 거였잖아. 영국이라는 나라에 내 자리 하나 만들어 아침마다 이렇게 출근하기 위해 참 먼 길을 힘들게 돌아왔는데. 오늘 내가 그곳으로 가고 있구나. 이렇게 한국 노래를 들으면서. 한국 사람으로서 영국 아이들을 가르치러 학교로 출근을 하게 되다니. 그 복잡한 마음을 아저씨가 어찌 알겠습니까?"

그렇게 첫 출근을 했었다.

이제 정식 선생이 된 지 4년째. 나처럼 대학원 실습생이 되어 우리학교에 온 사람들을 꽤 많이 봐왔다. 나 같은 외국인도 아닌데 그야말로 '잘 못한다'고 쫓겨나는 모습을 보며 집에 와서 큰소리친다.

"아저씨! 나는요, 내가 대충 어떻게 하다 보니 선생이 된 줄 알았거든요. 근데 그게 아니었나봐요. 내가 잘해서 된 거더라구요. 나 대단하지 않습니까?"

"Adjoshi! I thought I became a teacher just by being on the training course. But I realised that I was pretty good. Don't you think I am amazing?"

> realise, realize 둘 다 맞지만, 모든 영국 사람들은 realise를 쓴다고 해도 될 만큼 주로 -se를 쓴다. 이외에도 영국 스펠링이 미국과 다른 단어들을 살펴보면 memorise(memorize), centre(center), colour(color) 같은 것들이 있다.

"알아요, 아줌마, 안다구요. 누가 아니랬습니까? 썰던 파나 마자 써시죠. 배고파 죽겠습니다요."

"Okay, okay, azumma, I agree with that. Concentrate on cutting spring onions. I am starving."

◇◇ **등록금** 없는 **영국의 교육제도**

영국의 교육제도를 살펴보면 우선 만 3세가 되면 국립유치원영국에서는 유치원을 'kindergarten'이라고 하지 않고 'nursery'라고 한다을 다니는데, 2시간 30분 정도 수업을 한다. 그리고 5세가 되면 1학년에 입학해 6학년까지 3시 20분쯤 수업이 끝나는 생활을 한다primary school. 7학년부터 11학년까지secondary school를 마치면 직업을 구하기도 하는데, 대학을 가기 위해서는 12~13학년sixth form, 2년을 공부한다. 등록금은 당연히 없다. 심지어 미술을 선택하게 되면 재료도 다 학교에서 제공한다. 수학의 경우 한 반에 15명이 있다고 하면 학생 수가 많다고 할 정도. 현재 내가 가르치는 반further maths 제일 수준이 높은 수학반에는 6명이 있다.

사춘기라 죽어라 말 안 듣는 학생들 말고 초등학생을 가르치는 선생님을 하지 그러냐고 묻는 영국 친구들에게 나는 말했다. 영어가 제2외국어인 나 같은 사람이 바른말을 배워야 하는 어린 학생들을 가르치면 부모로서 그다지 맘이 좋지 않을 거 같다고. 중고등학생에다 수학 과목이면 최소한 그런 항의는 들어오지 않을 거 아니냐고. 나는 현재 학년당 한 반씩 7학년부터 13학년까지를 가르치고 있다.

02 대학원 시작 첫날

대학원 시작 첫날이었다.

대학원생 전원이 모인 강당에서 오전 오리엔테이션을 마치고 수학과 학생들만 모인 교실에 들어섰을 때 내 나름 영국 사람들과 어색한 분위기를 깬답시고 한 질문이 있었으니,

"졸업식이 언제예요?"

"When is our graduation ceremony?"

입학을 했으니 당연 졸업을 할 것이고, 부모님이 이왕이면 졸업식 때쯤 맞춰서 영국에 오면 좋을 것 같아 물어본 거였다. 별 뜻 없이 물은 거였는데, 지금 생각해보면 그 질문을 들은 교수 입장에서는 김치국물을 아주 사발로 들이키는 질문이었다.

주변에 있던 다른 학생들이 글쎄, 하며 교수님한테 물어보자 했을 때 교수는

"패스부터 해야죠."

라고 약간은 농담조로 말했고, 나는 그때 그 말에 어떤 뜻이 있는 건지 잘 몰랐다.

"오늘 에세이 제출하는 날이었는데, 그 사람 글쎄 안 가져왔다고 하더라고. 간이 배 밖으로 나왔지. 어떻게 첫 에세이인데, 그 날을 어기냐."

실습하고 있는 학교에서도 제대로 된 수업 준비 없이 덜렁덜렁 학교에 온다는 소리가 들렸던 그 사람은 두 달 뒤쯤 대학원에서 볼 수 없었다.

"당연한 거 아니야? 자기, 선생코스 하면서 한 달에 천 파운드씩 돈 받고 있잖아. 내가 낸 세금이 열심히 하지 않는 사람한테 낭비된다니. 자기는 잠도 안 자고 수업준비하고 에세이 쓰는데 누구는 놀면서 세금을 낭비해?"

라고 말했던 필. 그만큼 명쾌한 답도 없었다. 세금을 낭비하는 자를 그냥 둘 수는 없다!

대학원 코스를 하면서 결국은 반 남짓한 학생들이 남길래 아이들을 견뎌내는 게 너무 힘들어서 스스로 다른 길을 찾았나 보다 생각했었는데, 정식 선생이 되고 보니 꼭 그런 것만도 아니었다. 학교에 대학원 실습생들이 오는데, 잘 가르치지 못하면 아니, 아무리 기회를 줘도 잘 가르치는 선생이 될 가능성이 보이지 않으면 코스에서 탈락되는 걸 보게 된다.

대학원 시작 첫날, 졸업식이 언제냐고 묻는 황당한 학생에게 교수가 왜 패스부터 하라고 했는지, 그래서 지금은 너무 잘 안다. 30명의 아이들한 반의 인원은 7~11학년까지 최대 30명이며, 12~13학년(대학을 준비하는 2년)은 많으면 15명에서 20명, 진짜 어려운 수학을 배우는 반은 6명 정도이다을 앞에 두고 무언가를 매일 가르치는 일을 한다는 건 영어는 둘째고 아이디어, 성격, 자신감이 더 중요한 요건이기에 영어가 제2외국어인 나도 패스한 코스에서 멀쩡히 영어 잘하는 영국 사람들이 왜 탈락하나 할 것은 아닌 거다.

대학원에서 15분 정도 프레젠테이션을 할 때였다. 발표의 주제는 '아이들이 제대로 배웠는지를 어떻게 평가할 것인가' 하는 거였는데, 평가에는 단순한 시험이 아닌 어쩌고저쩌고가 있다는 걸 이미 배운 후였다. 사람들이 다 뻔한 얘기들을 할 텐데 난 뭘 한다냐 며칠을 고민 끝에 준비를 해갔다.

내 앞에 앉아 얘기를 듣고 있는 사람들과는 전혀 다른 개인적 역사를 갖고 있는 나를 충분히 활용하는 것이 가장 이들의 흥미를 끄는 방법일 터. 나의 서론은 간략히 이랬다.

"제가 한국에서 통역을 했다고는 하지만, 수학 용어는 일상생활에서는 거의 쓰이지 않는 말들인지라 수학용어들을 다시 공부해야 했습니다. 그런데 혼자 영어로 써 있는 수학책을 놓고 공부를 하면서 참 재밌는 사실을 깨달았습니다. 통역한다고 공부할 때는 전혀 쓰지 않았던 말들, 예를 들어 점근선, 직선의 기울기, 절대값, 이차방정식…… 그런 용어들이 나오는 데 사전이 전혀 필요 없었다는 겁니다. 수학을 알고 영어로 된 책을 보니, 모르는 단어였지만 '이게 그거구나' 해석이 되더라는 거죠. 정말로 단 한 번도 사전을 들춘 적이 없습니다."

사람들은 나의 서론을 아주 관심 있게 들었고 교수도 꽤 흥미로워하는 눈치였다.

"자, 이것이 제가 생각해본 평가 방법입니다. 한국 학생이 한국어로 풀이과정을 자세히 쓰며 푼 문제. 여러분은 수학을 다 아는 사람들이니까 제가 학생인 척하고 만든 이 풀이 과정을 보면 제대로 이해를 하고 문제를 풀은 건지 아닌지 찾아낼 수 있을 겁니다."

하면서 메모리 스틱에 저장해 두었던 파일을 열려고 하는데, 프로젝터로 보여주면서 설명을 하려고 준비했던 파일의 버전이 맞지 않아 열리질 않는 거였다. 이럴 때 당황해서 '이걸 어째' 하고 울 수도 없는 일. 시침 뚝 떼고 밀어붙이는 게 최선이다. 선생을 할 때든, 영어를 할 때든 중요한 요건은 순발력인 것 같다. 결국 언어는 '의미만 전달하는 수단'이 아닌 그 사람의 성격까지 보

한국에서 대학을 졸업할 때, 취직 못한 딸이어서 엄마랑 아빠한테 참 미안했었다. 때가 되면 남들이 하는 걸 다해야 한다고 생각하는 보통 사람인 엄마와 아빠. 나는 느낄 수 있었다. 대학을 졸업하는 딸을 바라보는 그 분들의 마음이 100% 행복하지는 않았다는 거. 그리고 다시 나는 사각모를 썼다. 영국에서. 엄마가 이상한 모자를 쓴 게 그저 웃겨 보이기만 한 아들을 안고 나는 행복했다.

여주는 것이니까.

"어머, 파일이 버전이 안 맞아서 안 열리네요. 그냥 하죠 뭐."

하면서 복사해간 프린트를 나누어 주었다.

"잘 보세요! 한국어라 어려울 거 같지만, 할 수 있을 거예요. 심지어는 이 학생이 실수한 부분까지 찾아낼 수 있을 걸요."

"Look! You might be thinking it is hard because it is written in Korean. But have a close look. You can do it. You will be able to find some errors this student made."

대부분 비슷비슷한 준비를 해와서 많이들 지겨워하고 있던 차. 언어를 이용한 이색 평가 방법은 이들의 관심을 끌기에 충분했다.

"기울기와 주어진 좌표를 이용해 법선의 방정식을 찾는 거네요."

"어, 나 학생이 여기 기울기에 관해 쓸 때 실수한 거 찾았어요."

나는 학생들을 가르치는 선생처럼 돌아다니며 이들의 해석을 도왔다.

중간 생략

"제게 주어진 시간이 여기까지라 이렇게 마무리를 하겠습니다. 여기 다른 예도 만든 게 있는데, 시간이 되시는 분들은 한번 보세요. 저는 앞으로도 제가 한국 사람인 점을 이용, 종종 이렇게 흥미로운 방법으로 아이들을 평가해 볼 생각입니다."

하고 프레젠테이션을 마쳤다. 나중에 프레젠테이션과 평가방법에 관한 이론을 바탕으로 에세이를 써서 냈는데, 평소에 pass 등급을 주로 주던 교수가 good 등급을 주며 쓴 피드백에는 이렇게 적혀 있었다.

'다른 언어를 이용한 평가 방법이 아주 신선했고, 파일이 열리지 않는데도 당황하지 않고 순발력 있게 프레젠테이션을 진행해서 훌륭했음.'

나중에 우연히 교수랑 캠퍼스를 같이 걸어가게 됐을 때.

"잘 지내죠? 어때, 할 만해요?"

"How are you doing, how are you coping?"

"힘들기도 하지만 재미도 있고 그래요."

"It's okay…… hard but interesting."

"다른 언어와 문화로 우리 코스에 좋은 영향을 주고 있어 보기 좋습니다. 내가 교수하면서 당신과 같은 경우를 본 적이 없거든요."

"It was good to see you make an influence on the course using your own culture and language. I've never seen it before."

졸업식이 언제냐고 물었을 때 패스부터 하라고 했던 그 교수가 그 말을 했을 때, 안 기뻤다면 거짓말이겠지.

'I must say, when he said that, I was <u>over the moon</u>.'

'over the moon'은 '엄청 기뻤다'는 뜻으로 너무 기뻐 펄쩍펄쩍 뛰다가 달 위로까지 떠올랐다는 의미가 아닐까. 비슷한 말로 'I was extremely happy.', 'I was delighted.', 'I was really pleased.', 'I couldn't have been happier.'가 있다.

나는 시험공포증이 있는 사람이다. 지금도 악몽을 꾸면 시험에서 떨어지는 꿈을 꾸고, 가슴 철렁해서 잠에서 깨면 '맞아. 나, 영국에서 선생 됐지' 그러며 여전히 심하게 벌렁거리고 있는 심장을 진정시킨다.

시험공포증이 있는 나 같은 사람한테 영국의 선생코스는 '축복'이었다. 너무도 심한 경쟁사회, 그렇기 때문에 '시험을 잘 보는 기술' 마저 필요로 하는 나라에서 살다 온 나는 시험이 없다는 사실 하나만으로 내가 당장 선생이 된 듯한 생각마저 들었다.

영국의 선생코스는 철저한 트레이닝이다. 대학원이 시작되면 처음 몇 주만 학교에 다니고 80퍼센트 가까운 시간을 실제 중고등학교에서 가르치며 선생이 되는 과정을 배운다. 그렇기 때문에 나는 에세이 숙제를 하느라 밤을 새워가며 컴퓨터 모니터를 째려본 적은 있어도, 도서관에 앉아 책과 씨름하며 공부라는 걸 해본 적이 단 한 번도 없다.

대학원 과정은 PGCEPostgraduate Certificate in Education라고 하는데, 1년 과정을 마치면 '준 선생' 자격 정도가 된다. '준 선생'이 되는 이 과정에서 보통 반 정도가 탈락하고 졸업을 한다. 코스를 하면서 같은 반 사람들이 중도에 나가길래 '다른 길을 찾았나 보다' 생각했었는데, 딱히 그런 것도 아니었다. 내가 지금 학교에 있으면서 중간에 나간 PGCE 실습생들은 '잘 못 가르친다고, 불성실하다'고 해서 쫓겨나다시피 한 사람들이다. 심지어는 스트레스를 이기지 못하고 교실 문 앞에서

졸도를 해서 응급실을 갔다거나 우울증까지 앓게 된 사람도 있다는 얘기를 들었다. 매일매일 누가 보고 있는 수업을 준비해서 멘토나 일반 선생님들이 대학원생들이 하는 수업을 항상 보면서 시간 순서대로 수업 관찰표를 적고 피드백을 준다 계획서를 작성하고, 실습생이라 만만히 보고 여차하면 수업을 망치려 드는 아이들을 데리고 수업을 하는 일은 '우리나라 아줌마 정신'으로 열겹 정도는 무장을 해야 버틸 수 있는 일이다.

이렇게 해서 1년을 버텨내면 일반 회사에 취직을 하듯 취업 공고가 난 학교에 원서를 내고 인터뷰를 본다. 우리학교 교장선생님은 말한다. 선생의 본 업무는 '아이들을 가르치는 일'이다. 아이들을 가르치는 일을 하는 사람을 뽑는데, 어떻게 가르치는 모습을 보지 않고 채용할 수 있냐고. 영국학교에서는 선생을 뽑을 때 반드시 가르치는 모습을 보고 뽑는다. 인터뷰 3일 전쯤, 이러이러한 주제로 가르칠 것을 준비해 오라고 하고, 실제 교실에서 가르치는 모습을 보고 채용한다.

한 지원자가 내가 가르치는 7학년 아이들을 한 시간 동안 가르친 후 교실에 들어간 어느 날.

"선생님, 그 분 누구예요? 왜 오늘, 선생님이 안 가르치고 그 분이 가르친 거예요?"

"Who was she? Why did she teach us, not you?"

"으응, 그냥 학교를 다니다 보면 가끔 그런 날도 있는 법이란다."

"Sometimes, that sort of thing happens in school, nothing unusual."

"다시는 우리한테 그러지 마세요!"

"Don't do that to us again!"

"왜?"

˚Why?˚

"진짜 이상했어요!"

˚It was really weird!˚

아이들의 의견이 선생 채용에 반영된 건 절대 아니지만, 그 수업을 지켜본 교감과 수학주임은 그 지원자를 뽑지 않았다.

아무튼 이런 인터뷰 과정을 거쳐 선생 자리를 갖게 되면 NQTNewly Qualified Teacher가 되고, 취직한 학교에서 1년 동안 NQT 과정을 잘 마치면 비로소 완전한 선생 자격을 갖게 된다. NQT 때에도 십여 차례의 정기적인 수업 관찰이 있고, 멘토의 지원과 여러 가지 통제를 받는다. PGCE 때와 마찬가지로 경험 많은 다른 선생님의 수업에 들어가 문제 많은 아이들을 어떻게 다루는지, 단순히 듣기만 하는 강의식 수업을 할 수 없는 영국에서 어떤 식으로 모든 아이들이 즐겁게 참여하는 수업을 할 수 있는지 아이디어를 얻고, 그 아이디어를 내 수업에 이용해 보기도 한다.

흔한 경우는 아니지만 NQT 과정에서도 힘들어서 본인이 포기하거나, 잘 못 가르친다고 탈락되는 사람들이 있다. 작년에 내가 NQT의 멘토를 한 적이 있는데그새 참 용 됐다. 다른 선생의 멘토를 하다니!, 첫 수업관찰 때조차 수업계획서를 제출하지 않았던 그녀는 결국 코스를 잠시 중단하는 것으로 하고 학교를 떠났다. 그녀가 다시 선생으로 돌아올 것으로 생각하는 사람은 한 명도 없었다.

수년간에 걸쳐 다듬어지고 개선되어서 만들어졌을 영국의 선생코스. 실습생들로부터 어떻게 하면 코스가 더 완벽해질 수 있는지 항상 피드백을 듣고자 하는 대학원과 학교의 자세가 현재의 코스를 만들어냈을 것이다.

내겐 어렵기만 한
영어 문자메시지

대학원 수업은 수학과 실습생들만 모여서 하는 수업과 모든 과목 실습생들이 모여서 하는 수업으로 이루어졌다. 교수가 수업을 하면 질문과 대답 위주, 대학원생들이 주도하는 수업을 하면 토론 위주로 수업을 했다. 실습을 하면서 가장 많이 듣는 소리가 '가만히 듣기만 하는 수업이 가장 효과가 떨어지는 수업이다' 인데, 하물며 그 말을 실천에 옮기며 수업을 진행해야 하는 선생들을 위한 수업이 듣기만 하는 수업이어서야 되겠는가. 수업은 늘 나로 하여금 뭔가를 하게끔 만들었다. 그래서 나는 단 한시도 긴장을 늦출 수 없었다.

모든 과목 실습생들이 모여 수업을 하는 날. 일주일에 한 번씩 돌아가면서 두 명의 토론 주체자가 교육적으로 이슈가 되고 있는 주제를 정해 30분 정도 토론을 하는 시간이 있었다. 그 주에 토론 주체자가 정해온 이슈는 '영국 학생들이 영어 에세이를 쓸 때 자꾸 문자메시지처럼 영어를 쓴다. 과연 이것을 트렌드로 받아들여 수용을 해야 하는 것이냐, 아니면 절대 수용해서는 안 될 것이냐' 하는 거였다.

'아니, 당연 말도 안 되는 소리지 수용은 무슨 수용을 해. 참 나 이걸로 어떻게 30분이나 토론을 해' 라고 생각했던 나는 의외로 열띤 토론이 이루어지는 걸 보고 놀라지 않을 수 없었다.

대학을 갓 졸업한 듯 젊어 보였던 한 영어 실습생은 시대가 그렇게 변했다, 창의성의 일부분으로 받아들일 수도 있는 문제다, 언어는 어차피 시대에 따라 변하는 존재 아니냐며 의견을 내놓기 시작했다. 다른 과목도 아닌 영어 선생이 그런 소리를 해서 나는 퍽이나 흥미롭게 토론을 지켜보았다. 대부분의 의견은 '안 된다' 였지만, '된다' 도 예상 외로 많았다.

하도 토론이 활발해서 한참을 듣다가 손을 들었다. 다행히 토론 주체자가 나에게 기회를 주었다.

"보아하니 지금 이 자리에 있는 사람 중 영어가 제2외국어인 사람은 저밖에 없는 거 같은데요, 영어가 제2외국어인 사람으로서 한마디 하겠습니다. 제가 이렇게 영어를 할 수 있게 되기까지 얼마나 많은 시간과 노력을 들였는지 아십니까? 저뿐 아니라 한국에는, 일본에는 수많은 사람들이 영어를 배우겠다고 책과 씨름하고 있습니다. 여러분들은 영어가 단순히 '자국어' 라고 생각하고 있나 본데, 현실적으로 봤을 때 영어는 국제적으로 통용되는 국제어 아닙니까? 학생들이 쓰는 문자메시지형 영어를 '정부차원의 시험' 에서 인정한다면 그걸로 끝이 아니지요. 허구한 날 영어사전 뒤지며 영어 공부했는데, 이거 원, 문자메시지형 영어사전 나오면 또 공부해야 하는 건가 싶어 벌써 슬프네요."

"I reckon that I am the only one whose mother tongue is not English. I

토론은 나로 인해 바로 끝나버렸다. 다들 얼굴 표정이 '맞아. 왜 그걸 생각 못 했지?' 하는 표정들이었다.

나중에 수업이 끝나고 그 영어 실습생을 복도에서 마주쳤다.

"아까 토론 때 참 인상적이었어요. 나는 전혀 그 생각은 못 했는데, 의미 있는 얘기였어요."

'내가 말이야 한국말은 끝내주게 잘하는 사람이거든. 이놈의 영어 때문에 본의 아니게 다소 과묵한 사람이 되었지만, 할 말은 한다고!'

문자메시지 얘기를 하다보니 떠오르는 에피소드 하나.

나는 영국에서 별로 문자메시지를 쓸 일이 없다. 너무도 과학적인 한글가끔 한국에 가서 문자메시지를 찍다보면 '캬' 하고 감탄을 안 할 수가 없다과 달리 몇 글자 찍으려면 짜증이 밀려오는 영어메시지 찍는 일. 하루에도 몇 번씩 'I love you, I miss you.' 이런 거 핸드폰으로 찍어 대면서 돈 낭비하는 닭살커플도 아니고, 실제

영국에서는 졸업식을 할 때 같은 과 사람들이 이렇게 다 같이 모자를 힘껏 던져보는 풍습 같은 게 있다. 대학원 졸업식 날 서로 축하하면서 사각모를 던졌는데, 나름 재밌었다.

대화보다는 핸드폰 메시지로 부모와 대화를 한다는 사춘기 아들놈이 있는 것도 아니고, 나는 영국에 살면서 문자메시지 찍는 훈련을 해볼 기회가 전무했다.

그러던 어느 날 다른 선생 차를 얻어 타고 어디를 가던 길.

"은영, 이제 우리 지금 Junction 15 지나고 있다고, 20분 후에 도착한다고 제니한테 메시지 좀 보내."

"Eunyoung, text Jenny, we are passing by Junction 15, we will be there in 20 minutes."

운전대를 잡고 있는 선생한테 '당신이 찍으시오' 할 수도 없는 노릇이고 해서 핸드폰을 꺼내긴 꺼냈으나……

나름 동안이라 자부하며 '매일 쏟아져 나오는 최신 기계들쯤은 내 손안에 있소이다'를 이마에 새기고, 20대의 상큼, 발랄한 선생인 척 학교를 누볐던 나는, 어느새 생전 핸드폰 구경이라곤 구경 못해 본 시골 첩첩산중 80세 노인네가 되어 버튼을 눌렀다 지웠다를 반복했다.

"20분 후에 도착한다더니 진짜 빨리 왔네?"

"그게요, 문자 찍기 시작할 때는 20분 전이었거든요. 다시는 나더러 문자 같은 거 보내라고 시키지 말라구요!"

"Because it was 20 minutes ago when I started texting you. Never, ever ask me to send a message in the future!"

◇◇ 핸드폰은 **모바일**(폰)

:: 영국에서 내가 쓰는 핸드폰은 우리 돈 만오천 원 정도를 주고 산 건데 'pay as you go' 라고 해서 쓰는 만큼 돈을 내는 식이다. 그래서 분당 통화료는 높지만 학교에 있다 보니 핸드폰 쓸 일이 거의 없어서 일 년에 4만 원도 쓰지 않는 것 같다. 돈은 top-up이라고 해서 대리점에 가서 '4만 원 어치 넣어 주세요Can I have a top-up for twenty pounds, please.' 하거나 마트 같은 데 가서 카드로 본인이 직접 원하는 금액을 넣을 수 있다. 물론 우리나라처럼 1년 계약, 월 사용시간 10시간에 얼마, 이런 식의 핸드폰도 있다.

:: 핸드폰은 영국에서 모바일폰mobile phone, 줄여서 흔하게 모바일mobile 이라고 한다.

- **Leave a message** : 메세지를 남기다
- **Delete** : 메시지 삭제
- **Save** : 저장
- **Send** : 보내기

:: 영국에서도 문자메시지를 보낼 때 흔히 약자를 많이 쓴다. 발음이나 단어의 몇 개 스펠링만으로 축약해서 쓰는 경우가 많다. 다음과 같은 예가 대표적이다.

- **c u l8r = see you later** l과 숫자 8, 그리고 r를 순서대로 읽으면 later처럼 읽어진다.
- **b4 = before**
- **skl = school**

- wubu2 = what you been up to? 뭐 하고 있었어?

- dk = don't know

- plz = please

- thnx = thanks

- gdgd = good good

04

소심쟁이를 얼굴로 티내다

나는 누가 백만 원을 준다 해도 롯데월드에 있는 바이킹 같은 건 절대 못 타는 겁쟁이, 소심쟁이다. 집에 혼자 있거나 늦은 밤거리를 걸을 때면 아직도 귀신이 나올까봐 무섭다.

속으로는 '어차피 지나갈 일이야. 밀어붙여. 누가 뭐 나 잡아먹는다냐. 사람은 닥치면 다 하게 돼 있어' 하지만, 겁쟁이 몸뚱이는 '당신 진짜 소심하거든요?' 하고 바로 신호를 보낸다.

오로지 한국에서 태어나 한국학교를 다닌 사람이 영국에서 선생님이 되겠다고 떠들고 다니면 선생이 된 나 역시도 '무모한 꿈'이라고 할지 모른다. 무모한 꿈이라는 말이 좀 지나치다면 '비현실적인 꿈'이라고 할까.

나도 아이를 키우는 엄마다. 내 아이가 다니는 학교 선생님이 영국학교를 전혀 모르는 외국 사람이라면 내 마음이 개운치만은 않을 거 같다. 나는 내 무모해 보이는 꿈을 현실적인 꿈으로 바꿀 '시작점'을 찾아야 했다. 영국학교를 전혀 모르는 사람을 대학원 선생코스에 넣어줄 무모한 영국인 교수를 만나기는 쉽지 않을 테니까. 그래서 우선 영국학교의 보조교사 일을 해보기로 결심했다.

일반 영국학교에는 'teaching assistant' 라는 것이 있다. 학습능력이 떨어지는 아이, 자폐증이 있는 아이, ADHD Attention Deficit Hyperactivity Disorder가 있는 아이

들이 일반학교를 다닐 경우, 도움이 필요하다는 차원에서 보조교사를 붙여 학교생활을 원만히 할 수 있도록 도와준다. 모든 수업에 들어가서 이런 아이들을 도와주는 보조교사라는 직업은 영국학교를 알아가는 데 더 없이 좋은 일이었다.

보조교사 첫 출근하던 날. 난생 처음 애고 어른이고 할 것 없이 무더기로 영국 사람들을 만나는 게 버거웠던 내 몸뚱이는 입이 부르트는 걸로 표를 냈다.

'아이 참, 이거 첫인상을 상큼하게 줘도 시원찮은 판에 주접스럽게 왜 입이 부르터!'

영국학교 경험이 전혀 없는 사람을 뽑아도 되겠냐고 우려했던 교장선생님을 설득해서 나를 채용했다고 비하인드 스토리를 알려준 팸. 지금은 정년퇴직을 하고 여전히 내 인생의 멘토로서 나를 응원해주고 있는 그녀는 입이 부르터서 첫 출근을 했던 나를 기억하고 있었다.

보조교사 1년하고, 대학원 입학을 앞둔 때. 보조교사는 맬 것도 아닌, 진짜 선생실습을 시작한다고 하니 소심쟁이 몸뚱이는 '별거 아니라고' 최면을 걸

었어도 '별거' 인 표를 냈다.

오른쪽 윗입술부터 부르트기 시작한 것이 콧구멍 있는 데까지 올라가, 누가 보면 전염될까봐 근처에 오기도 꺼려질 만큼 가관이 됐다. 시간이 지나면 없어지겠지 하고 둔 게 너무 심해져서 약국에 갔더니 병원에 가보란다. 의사가 불쌍하게 쳐다보더니, 이런 게 자주 나냐면서 앞으로는 조짐이 보인다 싶으면 바로 약을 먹으라고 하면서 처방을 해주었다.

"뭐야 이거. 생전 안 하던 마사지라도 하고 꽃단장을 해도 복구가 안 될 얼굴이 이 모양이 됐으니."

다른 건 빨리빨리 못하는 나라가 무슨 학생증 사진은 그리 빨리 찍는다고 하는지, 다음 날인가 학생증 사진을 찍으러 갔을 때다.

"제가 대학원 입학하는 게 걱정이 되서 그랬는지 이렇게 입이 부르텄거든요. 혹시 뽀샵 처리를 해서 없애줄 수 있나요?"

"I must be so worried about the new course. Look, I have a really bad cold sore. Could you get rid of it by using Photoshop?"

이럴 때 이런 말 하는 거 보면 나는 진짜 아줌마긴 아줌마다.

"어머, 진짜 심하게 부르텄네요. 이것도 나중에 보면 추억이 되지 않겠어요? 내가 이렇게 시작을 했었지 하고. 여기서는 뽀샵 못해요."

"Oh no, that's really bad. Unfortunately, I can't do that. It will be a good memory for you in the future, I hope."

코 밑에 코딱지가 더덕더덕 붙은 것 같은 얼굴을 해가지고는 씨익 웃고 있는 학생증 사진을 지금 보니 추억이 되긴 한다.

사람들은 내가 어떻게 영어문제를 극복하고 선생이 됐을까 생각하겠지만 따지고 보면 영어는 둘째, 아니 셋째, 넷째 문제도 아니다. 결국은 사람이 하는 일. 용감하게 자신감을 가지고 부딪히는 것이 첫째 문제인 것이다. 소심쟁이 몸뚱이가 거부 반응을 일으켜도 얼굴에 철판 한 번 깔자고 마음먹는 것, 그것이 제일 중요했다.

◇◇ '뽀루지 짜줄게'를 영어로 하면?

보통 얼굴에 나는 뽀루지 같은 건 'spot'이라고 한다. 입술 곁에서 시작해서 내 코밑까지 닿았었던 건 'cold sore'라고 따로 이름이 있다.

유독 얼굴에 뭐가 많이 나는 필. 뽀루지가 노랗게 되면 바늘로 살짝 찔러 짜내는 게 최선이라며 나는 이런 영어를 쓴다. 지저분한 얘기지만. 외국인이 이 책을 볼 일은 없기를!

"얼굴에 난 거 그거 짜면 바로 나오겠다. 내가 바늘로 살짝 찌른 다음 짜줄게."

'It looks as if your spot is going to explode. Shall I prick it with a needle and squeeze it with a tissue. Okay?'

05

영어 인터뷰는 배짱이 최고!

영어 인터뷰를 세 번 해보았다. 보조교사에 지원했을 때, 대학원에 지원했을 때, 그리고 지금 있는 학교에 취직하려고 했을 때.

한국인으로서 한국에 들어와 있는 외국인 회사에 취직하는 것도 아니고, 영국 사람들이랑 동등한 자격으로 영국사회에 발을 담가 보려고 하는 것이었으니 '하나도 안 떨렸다'고 한다면 거짓말을 해도 참 재수 없게 하는 인간으로 보일 거다. 사실 나 역시 긴장했었다. 손바닥에 식은땀이 쫄쫄 났었다. 한국에서 끝없는 좌절을 이미 맛본 터라 '누구에게 거부당하는 일'은 이력이 났었지만, 영국에서마저 '우리는 당신이 싫소' 대접을 받고 싶지는 않았다.

"자기, 인터뷰 연습 좀 해야 되는 거 아니야?"

"Eunyoung, don't you think you need to practise your interview skills?"

"연습은 뭘. 그냥 하는 거지."

"Well, no thanks, it's all right, I don't want to."

"내가 면접관이라고 생각하고 질문해 볼 테니까 한번 대답해봐. 내가 영어 봐줄게."

"Why not? I will ask you questions like an interviewer, and you can give me answers."

"싫어."

"No."

"창피해서 그래?"

"Are you shy?"

"창피는 무슨. 이 나이에."

"No, I am not. I am old enough."

"근데 왜. 한번 해봐. 영어 연습도 되고 좋잖아."

"Then, what's the problem? It would be a good practice in English."

"싫다니까."

"I SAID, I don't want to."

"아니, 이렇게 좋은 연습 상대자가 있는데 왜 싫어?"

"You've got a perfect chance here. Why not?"

"어떤 질문이 나올지 예상을 하고 그에 맞는 모범 답안을 생각해서 외우면, 정작 인터뷰를 할 때는 '외운 게 뭐였더라' 그러며 더 더듬거리게 되는 법이라고. 외워서 말하고 있다는 거 다 표 나는 거지. 기본적인 생각은 다 해뒀어. 내 소신껏 나오는 대로 지껄이는 게 나는 편해. 외운 거에 의지하면 잘 안 된다고. 그리고 어차피 내 영어는 원어민들처럼 완벽하지 않은데, 자기들과 문제없이 의사소통할 수 있다는 것만 보이면 되는 거 아니겠어? 그게 문제가 된다면 뽑지 말라 이거야."

"If you memorise what you are going to say during the interview, it is more likely that you would stammer in front of the interviewer. It is so obvious to the interviewer that you are just speaking from memory. I've already thought about some answers roughly. I feel more relaxed when I say something on the spot. On top of that, I am not a native speaker anyway. I just want to show that I can communicate with any British person without any problems. If they think that my English can be a problem, I don't want to be employed anyway."

"배짱이 두둑하시네."

"You look very confident."

"내가 한국에서 무수히 떨어지면서도 스스로 만날 뭐라고 그런 줄 알아? '사람 보는 눈이 지지리도 없구나. 나처럼 능력 있는 사람 안 뽑으면 너희들만 손해다' 였어. 나 안 뽑아서 손해 본 회사 많았을 거다."

"When I was turned down by companies in Korea, I said to myself, 'Oh well, you don't have the ability to recognise someone who is very capable. It would be a huge loss to your company if you don't employ me!' I am sure that Korean companies have lost out by not employing me!"

"얼씨구?"

"What? Do you really think so?"

"나 안 뽑으면 영국도 뭐 손해지!"

"The UK will miss out if they don't employ me!"

"이 아줌마 보시게?"

"Azumma, are you serious?"

"왜 그래? 떨려서 일부러 배짱 좀 왕창 부려 보려고 최면 걸고 있구만."

"I am kidding myself that I am very good! Nothing wrong with that, I think!"

"별로 안 떠는 거 같은데?"

"I don't think you are nervous."

"그냥 내 솔직한 모습을 보여줄 거야. 어차피 나는 언어적인 문제 때문에 날 그럴싸하게 말로 포장하는 건 못해. 정면 돌파가 최선이야."

"I will be honest. Due to my language problem, I can't make myself look good by waffling. I will be direct rather than go around in circles!"

다행히 정면 돌파는 세 번 다 성공이었다.

정확히 어떤 일을 하는 건지 모르고 지원했던 보조교사. 지금도 생생히 기억나는 질문이 있다.

"아이들을 대할 때 우리가 가져야 할 가장 중요한 요소가 뭘까요?"이런 건 필도 절대 생각해내지 못하는 질문이라고!

"What do you think is the most important thing we need to have when we deal with children?"

"제가 갓난쟁이를 키우고 있는 엄마라서 그런지는 모르겠는데, '인내심'이 제일 먼저 떠오르네요. 끊임없이 참아야 하더라구요. 참고 기다리는 일. 그게 중요하지 않을까요?"

지금 생각해도 이 말은 '백 점 만점에 백 점짜리 답안'인데 그래서 뽑힌 게 아닐까.

대학원 인터뷰는 그룹 인터뷰, 개인 인터뷰, 수학시험, 영어 에세이 쓰기까지 거의 반나절이 걸렸는데, 큰 결격 사유가 없는 한, 일단 뽑아 놓고 못하면 내쫓는 시스템이다 보니 통과가 된 게 아닐까 싶다. 사실 반나절을 보고 사람을 어찌 알겠는가. 뽑아 놓고 하는 거 봐서 내쫓는 시스템이라야 '나처럼 괜찮은 인간아, 이만하면 괜찮은 인간 아니냐고!'을 떨어뜨리는 중대한 실수를 막을 수 있겠지.

학교 인터뷰에 갔을 때는 재밌는 일이 있었다. 40분간 교감과 수학 주임이 보는 앞에서 8학년 수업을 하고, 교장과 인터뷰를 하기 위해 기다리던 중이었다. 그날따라 점심시간에 선생님들끼리 간편한 간식거리를 준비해 와 파티 비슷한 걸 한다면서 테이블을 펴고, 포크 나이프를 준비하느라 분주해 보였다. 남들 일하는데 나만 손 놓고 놀기가 뭐해서 기다리는 동안 좀 거들었다.

"혹시 당신이 Mrs Mallett 인가요?"

"네, 그런데요."

"어머어머, 아니 인터뷰 온 사람한테 일을 시키면 어째. 내가 데리러 왔는데 사람이 안 보이길래 수학 주임한테 물어보러 올라갔다가 다시 내려왔잖아요. 설마 인터뷰 온 사람이 여기 서서 일을 하고 있을 거라고 상상이나 했겠어요? 자, 이리로 오세요. 제가 바로 이 학교 교장, 수전이에요."

이렇게 시작된 인터뷰는 지금 생각해도 솔직하게 내 모습을 보여준 게 통한 게지 싶을 만큼 잘 끝났다.

"당신의 강점은 뭐라고 생각하세요?"

"What do you think are your strengths?"

"제가 한국 사람인 점이요. PGCE를 하면서 알게 됐죠. 영국학교에서는 수업에 다양한 문화를 접목시키는 걸 아주 중요시 한다는 걸요. 문화가 다른 곳에서 태어나고 자란 제가 학생들에게 새롭게 보여줄 수 있는 것들은 아주 많다고 생각해요."

"Well, when I was a PGCE student, I realised that being Korean made me unique. I know that British schools appreciate interesting lessons with different cultural aspects. As I was born and lived in Korea, I have plenty of resources to use in my lessons."

인터뷰를 한 당일에 채용유무를 알려주는 영국학교. 교장선생님의 같이 일해보자는 전화를 받고 나서 필과 인터뷰 때 있었던 일들을 얘기하면서였다.

"정말 거기서 일을 했단 말이야?"

"그럼 남들은 일하는데 나만 놀아?"

"그래도 그렇지, 딴것도 아니고 잡 인터뷰job interview에 간 거였잖아. 아마 영국 사람 중, 그 순간에 일 거들며 일할 사람은 없을 걸?"

"아, 나 아줌마인 거 이제 알았어?"

다른 직업이었으면 어땠을지는 모르겠다. 인간관계가 무엇보다 중요한 선생이라는 것 때문이었는지, '솔직함'을 보여주고자 했던 내 의도는 제대로 맞아떨어졌다.

◇◇ **인터뷰** 때 **꼭** 나오는 **질문**

인터뷰 때 나오는 가장 흔한 질문 중 하나. 영국에서 유명한 프로인 X-factor 오디션에서도 자주 나오고, 내가 인터뷰할 때도 받은 질문은 다음과 같다

"5년 후쯤 당신은 뭘 하고 있을 거 같아요?"

"Where do you think you will be in five years time?"

그때 난 이렇게 대답했다.

"저는 그냥 교실에서 열심히 가르치는 선생님, 아이들이 모르는 게 있으면 창피해 하지 않고 언제든 질문할 수 있는 선생님이 되고 싶어요."

"I just want to be a great classroom teacher. Pupils don't need to feel shy to ask for help when they have a question or they are stuck."

> 이런 사람을 말할 때 "She is very approachable." 이라고 한다. approach는 동사로 해석하면 '접근하다' 이다. approachable하면 '접근할 수 있는', 그래서 어떤 사람이 매우 'approachable하다'고 하면 어떤 얘기도 다가가 쉽게 할 수 있는, 뭔가 문제가 있어도 화를 내는 게 아니라 잘 들어주고 도와주는, 그런 사람을 말한다.

오디션에 온 출연자들은 대부분 월드스타가 되어 있을 거라고 hope to be a world star by then. 말하더라. 과연 정답이라는 것이 있을까. 이것만큼 대답하기 난감한 질문도 없는 거 같다. 내가 물어보니 필은 "I will be your boss." 라고 하겠다며 농담을 해서 한참을 웃었다.

06

수업 시작은 이렇게!

"아저씨, 내가 어떻게 수업을 시작하는지 궁금하지 않습니까? 수학선생이라 수학만 가르칠 거라고 생각하겠지만 수업의 시작과 끝, 그건 수학이랑은 별개잖아요."

"그건 그렇지."

"나 처음 실습할 때 실은 그게 제일 걱정되더라고. 초장에 김빠지고 시작하면 이미 지고 들어가는 건데."

수학선생을 하기로 맘먹고 제일 궁금했던 게 이거다. 여기도 반장 같은 사람이 일어나서 나 학교 다닐 때처럼 "차렷, 경례!" 뭐 그런 걸 할까? 영국은 허리 굽혀 인사하는 습관이 없는데 경례를 안 하면 뭘 하지?

보조교사로서 전 과목 수업을 들으면서 나 혼자 열심히 배운 게 바로 이거다. 주제를 가르치는 거와는 별개인 수업을 주도하는 일. 이리 뛰고 저리 뛰는 망아지도 순둥이 새끼 강아지로 만드는 마력을 지닌 선생님들은 시작부터가

위엄 있고 다르다.

교실에 들어서면 맨 앞 중앙에 서서 말한다.

"각자 책상 뒤에 전부 일어서라." 조용히 일어서라는 말을 선생들은 이렇게 하는군.

아이들은 일어나 조용히 앞을 응시하고 기다린다.

"좋은 아침이다. 이제 모두 앉거라." 고개 숙여 인사하는 게 없으니까 이렇게 하네. 선생에 대한 예의로 전부 일어났다 앉는 거군.

선생들마다 영어 문장이 약간씩 다르긴 한데, 내가 제일 좋아했던 '카리스마 작열, 과학선생님'이 이렇게 늘 하시길래 이걸로 골랐다. 나는 덩치 상으로 보나 실실 웃고 다니는 얼굴로 보나 '카리스마 작열'을 절대 모방할 수 없는 캐릭터인데 수업을 시작하는 이 방법만큼은 계속 고수하고 있다.

카리스마는 고사하고 '아줌마 푼수끼 작열'을 그대로 발산하게 되는 12, 13학년 반은 좀 다르다. 전부 일어서기는커녕 들어가서 '굿모닝' 한마디 하면 바로 시작이다.

"선생님, 11학년 때랑 너무 다른 것 같아요."

"교복 안 입고 앉아 있는 너희를 보고 있으면 꼭 대학생 같애. 너희는 어른이잖아. 어른으로 대해 줘야지. 되지도 않는 카리스마를 내가 여기서까지 연기해야겠니?"

수업이 끝날 때 상황은 이렇다. 전부 일어서게 하고 조용히 나를 응시하면,

"공부 열심히 하느라 수고들 많았다. 다음 시간에 또 보자. 자, 이제 전부 가도록!"

13학년들이 졸업을 하게 되면 조촐하게 그동안 가르친 선생님들과 뷔페식으로 아침을 먹는다. 학생들이 아이디어를 짜내 캐릭터로 분장을 하고 학교에 왔을 때 같이 찍은 사진.

"Thank you for working hard. Well done. See you next lesson. Off you go."

따지고 보면 별일 아닌 작은 일인데, 한국 사람인 나로서는 이런 모든 사소한 일들이 한 번쯤은 어렵게 넘어야 할 산이요, 사극을 하는 여자 탤런트들이 10킬로가 넘는 무게지만 늘 입었던 옷처럼 자연스럽게 연기하듯 그렇게 익숙해져야 할 옷이었다.

◇◇**학교에서** 자주 **쓰는** 말

:: 시끄럽게 떠드는 아이들에게 내가 자주 쓰는 표현은 다음과 같다.

"나도 힘들다. 떠들지 좀 말아라. 나 오늘 5시간이나 수업했다. 너희들이 떠들면 내가 더 큰소리를 내야 하잖니. 이러다 나 목소리 안 나온다. 흥분 좀 가라앉히고 진정들 좀 해라."

"Girls, I am tired as well. Be quiet please. I had five lessons today. I don't want to raise my voice because you are so chatty. I nearly lost my voice. Calm down."

> · nearly는 '거의~할 뻔하다'고 할 때 사용하는데, 일상생활에서 많이 쓰인다.
> I nearly died.(하마터면 정말 큰 사고가 나서 죽을 뻔했다.)
> I nearly ordered one.(거의 주문할 뻔했는데 안 했다. '주문 안 하길 잘했다'는 뉘앙스)
> · '소리가 안 나온다'는 표현을 할 때 'lose' 동사를 쓴다.
> · voice가 나온 김에 덧붙이자면, 노래를 잘한다고 영어로 할 때 'You sing very well.'이라고 할 거 같은데 'You have a good voice.' 라고 하더라.

:: 학교에서 자신감 없어 보이고, 조용하기만 한 아이들이 있을 때 자주 쓰는 말도 살펴보자.

She needs lots and lots of praise. 그 아이는 칭찬을 많이 해줘야 해요.

We need to think about 'Invisibles'. '눈에 띄지 않고, 조용하기만 한' 그 아이들을 더 챙겨야 한다니까요.

> invisible은 원래 '눈에 보이지 않는'의 뜻이다. 'invisibles'는 선생들 사이에서 만들어 낸 말로, 떠들지도 않고 내성적이라 발표를 왕성하게 하는 것도 아니고, 선생님 말 잘 듣고 조용하게 자기 할 일을 해서 어찌 보면 선생들의 관심을 받지 못하는, 그렇기 때문에 더 신경을 써줘야 할 아이들을 가리키는 말이다.

07 너희들은 나의 영어선생님

'어떻게 내 뱃속에서 나온 딸이 영어로 영국 아이들에게 수학을 가르칠까, 내 딸이지만 정말 신기하다 신기해' 하시는 우리 부모님. 한번 와서 구경 좀 해 봤으면 좋겠다 하시는 그 맘, 알고도 남는다. 나를 알고 있는 친구들이나 식구들이 정말 한번 보고 싶어하고 궁금해하는 그 일의 비결은 유창한 영어 실력이라기보다는 사실 '솔직함', '나 다움' 이다.

내가 새 반을 맡으면 항상 하는 말이 있다.

"얘들아. 너희들도 알다시피 나는 영어가 제2외국어다. 절대 완벽한 영어를 할 수 없지. 그래도 난 부끄럽지 않아. 나는 아직도 영어를 배우고 있는 학생이거든. 틀리는 게 당연한 학생. 내가 틀리는 걸 부끄러워하고 말하지 않는다면 내 영어가 늘겠니? 나는 그래서 주변에 있는 사람들한테 모르는 게 있으면 항상 물어본다. 같이 일하는 선생님들, 우리 아들, 그리고 너희들. 너희들이 나의 영어 선생님이지. 7학년이 됐든 13학년이 됐든 나는 아리송한 게 있으면 물어본다. 그래야 내 영어가 늘거든. 너희는 나한테 수학을 배우지. 수학을 배우는 학생, 뭔가를 배우는 학생이 틀리는 걸 부끄럽게 생각하면 어떻게 되겠니. 절대 발전할 수 없어. 그리고 학생은 틀리는 게 당연한 거야. 다 알면 나처럼 여기 나와 수학을 가르쳐야지 왜 의자에 앉아 수업을 듣겠니. 늘 자신감을 가지고 질문에 답을 하고, 틀려도 소심해지지 말아라. 창피해하지 말고. 아무도 너희들이 틀린 걸 기억하지 않아. 뭔가를 배우는 교실에서는 틀리는 게 당연한 거야. 내가 그렇게 영어를 배워왔듯 너희는 수학을 배우는 거지. 나는 너희들의 수학선생님, 너희들은 나의 영어선생님."

자기들한테 뭔가를 배우겠다는 겸손한 선생님을 싫어하는 학생이 있겠는가. 아이들은 금세 긴장을 풀고 손을 번쩍번쩍 들며 수업에 참여한다. 그러다 내가 알면서도 모르는 척하며 슬쩍 영어를 물어보면 '보람찬 눈빛'이 되어 선생 노릇을 한다.

이렇게 여전히 영어를 배우고 있는 내가, 절대로 '배워서' 극복할 수 없는 것들이 있다면 세월이랄까, 추억 같은 것이다. 내 세월 속에는 학교 종, 고향의 봄이 녹아 있고, 내 추억 속에는 크리스마스 캐럴 하면 '울면 안 돼, 울면 안 돼, 산타 할아버지는 우는 아이들에겐 선물을 안 주신대'가 새겨져 있다는 것.

우리학교에서는 조회시간에 노래를 하게 되는 경우가 종종 있다. 가사를 프로젝터로 보여주기도 하고 그냥 부르기도 한다. 한창때 노래방에 가면 최신 유행곡 정도는 너끈히 소화했던 나인데, 마음은 하나가 되어 이들과 따라 부르고 싶지만 자동적으로 음치, 박치가 되어 버린다.

"선생님, 조회 시간에 노래하는 거 봤어요. 가사를 못 쫓아가서 입 모양이 영 안 맞던데요?"

"Mrs Mallett, I saw you sing in the assembly. You couldn't follow the words so that your mouth was all out of sync!"

개인적으로 많이 친한 피비가 말을 걸으며 인사를 했다.

"봤냐? 내가 원래 노래를 못하는 사람이 아닌데 말이야, 영어 노래는 잘 몰라서 말이지. 내 딴에는 그래도 그게 노력한 거다! 놀리지 말어!"

"Did you see it? I am quite good at singing in Korean. But I don't know many English songs. I did my best though!"

특히 크리스마스 캐럴은 영어가사는 그렇다 쳐도 리듬만은 마스터했다 자부했건만, 영국 사람들이 부르는 캐럴은 내 추억 속에 있는 캐럴이 아니었다.

"오늘 크리스마스 조회를 했는데 말이야, 이런 캐럴을 부르더라? 혹시 알아?"

하며 '딩' 이라고 서브를 했더니 필은 바로 '동' 하며 리시브를 해서 노래를 부르는 것이었다. 내가 '송' 하니까 바로 '아지 송아지 얼룩송아지' 하는 것처럼.

"그렇게까지 잘 알려진 캐럴이었어?"

"Is it that famous?"

"그 노래 정말 몰라?"

"You really don't know?"

"처음 듣는 거더라고."

"Never heard of it!"

"한국에서는 캐럴 안 불러?"

"Don't you sing carols in Korea?"

"내가 그래도 캐럴은 좀 안다 싶었는데 여기서는 내가 모르는 캐럴도 많이 부르더라고. 살아온 세월이 다른 건 어쩔 수 없는 거 같아. 무의식 속에 숨어 살고 있는 거니까."

유원이의 무의식 속에는 어떤 노래들이 있을까. '둥근 해가 떴습니다', '개울가에 올챙이 한 마리', '고기를 잡으러 바다로 갈까요' 노래를 필도 흥얼거릴 수 있을 만큼 불러주었는데. 30년 쯤 후, 내 손자놈에게 불러줄 수 있을 만큼 부르고 또 불렀는데.

◇◇ 우리에게도 익숙한 **크리스마스 캐럴**

영국에서 크리스마스 때 불리는 캐럴 중 한국에서도 널리 알려진 노래들은 〈고요한 밤, 거룩한 밤Silent Night, Holy Night〉, 〈노엘Noel〉, 〈징글벨Jingle Bells〉, 〈크리스마스 트리Christmas Tree〉 등이다. 또 그즘은 라디오에서 조지 마이클이 부른 〈Last Christmas〉도 많이 나온다. 크리스마스 선물로 음악CD를 많이 하기 때문에 그해 크리스마스 때 누구의 노래가 가장 많이 팔렸느냐가 항상 이슈가 된다.

◇◇ 엄청난 **크리스마스 선물**

영국에서 크리스마스를 보내면서 느낀 점 중의 하나는 그들의 '선물' 문화가 대단하다는 것이다.

아이들한테만 선물을 주는 게 아니라 어른들 선물까지 다 챙기는데, 그때 쓰게 되는 돈이 엄청나다. 일가친척이 많으면 혼자 10개 정도 선물을 받게 되는 건 보통인데, 그 얘기는 내가 준비하는 선물도 그만큼이 된다는 말이다.

한여름에 쇼핑을 나가서 괜찮은 게 세일한다 싶을 때, 필이 "우리 이거 살까?"라고 말한 적이 있다. 내가 "왜?" 그랬더니, "크리스마스 선물로 주기 좋을 거 같애서." 그러는 거다. 처음에는 이게 무슨 소리인가 했는데, 지금은 "굿 아이디어"라며 살 때도 있다. 크리스마스 때쯤 되서 10개의 선물을 한꺼번에 고민하느니, 일 년 동안 짬짬이 좋은 게 눈에 띌 때마다 사다가 쟁여 놓고 크리스마스 때 선물로 주는 거다. 심지어는 크리스마스가 끝나면 가게들이 대거 세일에 들어가기 때문에 그때 선물을 사뒀다가 다음 해 크리스마스 선물로 쓰는 사람들도 있다. 우리는 어땠을 까? 그 사람들 따라해 본다고 미리 샀났다가 일 년 지나서 사다가 어디다 잘 둔 걸 까먹고 또 선물을 사서 준 적이 허다하다.

필과 나? 카드고 선물이고 다 생략이다. 우리는 안 주고 안 받기 운동한다고 하 면 진짜로 영국 사람들이 이상하게 생각하는 거 같아서 어디가서는 절대 그런 애 기 안 한다. 대부분의 영국 여자들은 남편이 카드랑 크리스마스 선물을 안 주면 두 달은 밥도 안 해줄 거란다.

08 '양말을 추켜올려라' 는 '열심히 해라' 는 뜻?

내가 태어나지 않은 곳 사람들이 쓰는 말은 아무리 공부를 한다 해도 모르는 게 수두룩할 수밖에 없다. 자폐증이 있는 아이들이 어떤 경향이 있는지 배울 때였다.

"자폐증이 있는 아이들은 말을 새겨듣는 걸 잘 못해요. 단어 그대로를 받아들이죠. 예를 들면, 누가 'pull your socks up' 하면 이 아이들은 진짜로 양말을 추켜올려요. 시간표가 갑자기 변경되서 교실이라도 바뀌게 되면, 평소와 달라진 환경에 매우 혼란을 느끼고 패닉 상태가 되기도 하죠."

"Children with autism interprete words literally. They just take it one word at a time. For example, if we ask them to pull your socks up, they physically pull their socks up. If there is a room change, they just panic because of the different environment they find themselves in. They can`t cope with that sort of thing."

'pull your socks up' 이 뭐야. 보아하니 양말 추켜올리라는 말은 아니고, 게으름피지 말고 느슨해진 양말 쌈박하게 빨리 걷어올리며 맘 다잡고 열심히 하라는 뜻인가?

실제 상황을 예로 들면서 'pull your socks up' 이라고 했다면 충분히 유추가 가능하지만 한 마디만 그렇게 해서는 감이 잘 안 오는 게 당연. 나중에 찾아보니 내가 유추한 게 맞아서 혼자 크크크, 내가 그래도 눈치로 때려 맞추는 건 끝내준다니까 했었다.

세미나가 끝나고 농담으로 내가 말했다.

"그러고 보니, 영어가 모국어가 아닌 나는 어찌 보면 자폐증인 거 있죠. 단어를 있는 그대로 받아들일 수밖에 없는 거. 그 안에 담긴 깊은 뜻을 금방 읽어내는 능력이 떨어지잖아요. 그뿐인가요. 뭐에 집중하고 있는데, 주변에서 영어로 떠들면 뭔 일이 일어나는지 몰라요. 저만의 세상에 살고 있는 거죠. 앞으로 제가 뭔 말을 했는데도 무시를 한다거나 하면 제가 일부러 그러는 게 절대 아니니 좀 봐주세용."

사실이다. 처음 선생이 되고 막 군대에 들어간 이등병처럼 군기가 꽉 차 있을 때, 나는 사무실에서 시험지 채점이라도 할라치면 너무 집중을 해서 옆에서 굿을 해도 몰랐다. 막 웃으면서 누군가 내 어깨를 친다.

"어머어머, 집중하는 거 좀 봐. 우리 지금 자기 얘기하고 있는데 그렇게 몰라? 자기 이름 열 번도 더 불렀는데 반응이 없어."

"Look at her. She is concentrating so hard. We are talking about you now. We called you more than ten times."

"제가 그랬잖아요. 나만의 세상에 살고 있는 자폐증이라고. 게다가 저는

EAL teacher 잖아요. 헤헤헤."

"I told you I am autistic. I live in my own world. and I am an EAL teacher."

"EAL teacher라고? 아이고 말도 어디서 잘 갖다 붙여요."

"What? EAL teacher? You are good at making up words!"

내가 복이 많은 건지 팸은 내 성격이 복을 부르는 거라고 하는데, 듣고 참 기분이 좋았더랬다 같이 일하는 선생들은 항상 물으며 배우려고 하는 내가 기특한 듯 배려를 많이 해준다.

'어머, 양말이 들어가는 영어 문장이 또 있었네?' 싶은 이메일을 받은 어느 날. 참 공부를 열심히 하는 로라에 관한 내용이었다.

She works her socks off.

"EAL 선생으로서 또 질문이 있는데요. 이 문장, 공부를 무지하게 열심히 한다는 뜻이죠?"

"I've got a question as an EAL teacher. This sentence here, you mean she works so hard?"

"엄청 열심히 한다는 뜻이죠. 거기다 왜 양말을 쓰는지 모르겠는데 아무튼 그런 뜻이에요."

"I don't know why we use socks there. Anyway, yes, it means she studies really hard."

"읽으면서 그런 생각을 했어요. 달리기 선수가 신발도 벗겨지고 양말까지

영국학교에는 EAL(English as Additional Language)이라고 해서 영어가 원어민처럼 안 되는 학생들을 특별 관리하면서 도움을 주는 부서가 따로 있다. 선생들은 이런 학생들을 위해 어떻게 수업을 다양화할까 세미나도 하고 그런다. 대학원에 있을 때도 꽤 비중 있게 다룬 주제였다.

벗겨지도록 열심히 뛰는 모습, 그래서 생긴 말이 아닐까요?"

"I imagined a sprinter who is running so hard. His shoes and socks come off, but he still carries on running."

"듣고 보니 그런 거 같기도 하고, 이유는 모르겠어요. 우리는 그렇게 말해요. 영국에서 나고 자라지 않은 사람으로서 그런 거 배우는 게 제일 힘들죠? 우리는 너무 당연히 쓰는 말인데."

"대충 감으로 맞추면 맞기는 맞더라구요."

언어는 끝이 없다는 말을 매일 느끼며 산다.

◇◇ 긍정적인 '**열심히 해라**'는 try narder!

'pull your socks up'은 정신을 딴 데 팔고 있는 사람에게 '자자, 정신 차리고 얼른! 열심히 해야지' 할 때 쓸 수 있는 말이다. 이 말은 '열심히 안 하고 있는 사람'을 두고 하는 말이기 때문에 약간은 부정적인negative 의미라고 할 수 있다. 긍정적인 표현으로는 'try hard' 혹은 'try harder'가 있다. 좀 더 설명을 덧붙이자면 try harder가 더 긍정적인데, 그 이유는 try harder라고 하면 열심히 하고 있다는 걸 인정하면서 그보다 더 열심히 하라는 의미가 내포되어 있기 때문이다.

또 비슷한 말로는 'pull yourself together' 굳이 해석을 하자면 '너를 모조리 잡아당겨 하나로 만들어라'는 뜻이니, 정신 차리고 열심히 해라가 되는 것 같다가 있다.

고놈들이 선생님을
놀리고 있구만

내가 원래 몸은 쬐만 해도 '까짓거' 정신이 투철한 사람이다. 까짓거 해보는 거지, 설마 죽기야 하겠어 정신.

처음 실습을 나갈 때 가장 떨리는 일은, 누구를 가르쳐야 한다는 것이라기보단 영어로 떠드는 외계종족을, 그것도 천여 명이 우글거리는 외계행성에 가서 만나는 일이었다. 한국어를 쓰는 사람들이 천여 명 모인 곳에 처음 얼굴을 내미는 일도 쉬운 일이 아니거늘, 전부 외국 영화에서 튀어 나온 것 같은 사람들 속에 들어가 나를 소개하고, 대화를 섞는 일은 만만한 일이 아니었다.

처음 교실에 들어가 아이들 출석을 부를 때부터 '까짓거 정신'은 동원된다. 김철수, 김순이, 김영희…… 하고 부르면 참말로 뱃속 편하겠건만, 영국 선생이라면 일도 아닌 일이 나에게는 엄청난 과업이 된다. 상상이 되는가. 한국에서 '톰 행크스'라고 하는 이름도 '톰 행스'라고 제대로 불러줘야 되는 거, 하다못해 맥도날드도 '맥도널드'라고 발음하다 보면 '한국에서 이렇게 맥도날

드를 발음하면 사람들이 왕재수라고 하겠지' 라는 쓰잘데기 없는 생각까지 든
다는 거.

"에이미 존슨Amy Johnson?"

"레베카 스티븐슨Rebecca Stephenson?"

"토마스 스미스Thomas Smith?"

"에마 브라운Emma Brown?"

이렇게 부르다 보면 인도식 이름이 가끔 나온다.

"어, 그러니까, 미안한데 이렇게 발음하면 맞나, 카비타 네어Kavitha
Nair?"

그러며 그 아이를 쳐다보면, 아이가 살짝 웃으며 '맞다' 고 해준다.

"해리 마틴Harry Martin?"

하고 이름을 부를 때였다.

"발음 틀렸는데요."

"그래? 미안. 해리가 아니라고? 나는 해리인 줄 알았는데?"

주변 남자아이들이 키득키득 웃기 시작했다.

"해리가 아니고 하리예요. 하리."

장난기 가득 어린 얼굴로 '하리' 라고 하는데, 일단 첫 시간인지라 길게 얘
기 안 하고 넘어갔다.

수학과 사무실에 갔을 때,

"H.A.R.R.Y 라는 이름, 발음이 '해리' 맞죠? '하리' 아니죠?"

"해리 맞는데, 왜요?"

"고놈이 글쎄, 저더러 '해리' 가 아니고 '하리' 라고 하잖아요. 애들은 키득

12학년 끝날 때 학생들이 만들어 온 케이크. 내가 수업시간에 만날 데이빗 베컴을 잘 생겼다고 하면서 써먹었더니 진짜 좋아하는 줄 알고 이렇게 케이크를 만들어왔다.(해석 : 선생님이 그리울 거예요. 데이빗 베컴도 그렇대요.)

키득 웃고.”

“고놈들이 선생님을 놀리고 있구만!”

“They are taking the mickey!”

해리포터에 나오는 여자주인공 이름도 헤르미온느가 아니고 ‘헐마이니’로 발음되더만, 설마 해리가 하리는 아니겠지 싶은 생각이 0.1초 정도 들기는 했다. 그래서 다른 수학선생에게 물어본 것이었다.

다음 수업시간.

“해리 마틴! 아니, 하리가 대답 좀 해보지.”

하자 아이들이 다시 웃기 시작했다.

“해리? 아니, 하리? 못 들었나? 질문이 뭐였는지 다시 얘기해줄까? 해리? 아니, 하리?”

“내가 선생님들한테 물어보니 해리가 맞다고 하던데, 본인이 하리를 원한다니 하리로 불러줘야지 뭐. 오늘부터 너는 하리다. 알았지, 하리?"

수학을 아주 잘하고 예의도 바른 똑똑한 학생이었던 해리. 막 친해지려던 참에 실습학교를 옮기게 되어 참 아쉬웠다.

요즘 해리의 임무를 대신 수행하고 있는 사람은 유원이다. 내가 영어로 무슨 말만 했다하면 아비랑 꼬투리를 잡으며 놀려 먹는다.

유원 : "엄마, 방금 뭐라고 그랬어?"

"Mummy, what did you say?"

"아빠, 엄마가 'the' trousers를 갈아입는대요!"

"Daddy, she said, I will change 'the' trousers."

나 : "엄마 영어 놀리는 것 좀 그만하라니까!"

"Stop teasing me! Are you taking the mickey out of my English?"

유원 : " 'My' trousers라고 해야 된다구요."

"You should have said, change 'my' trousers."

나 : "네가 지금 이 어미의 영어를 놀려먹는 것인 게냐!"

"Are you <u>taking the mickey</u> out of my English?"

take the mickey는 결국 tease, laugh at과 같은 말로 '놀리다'는 의미인데 영국에서는 tease라는 말보다 더 자주 쓰이는 것 같다.

미국에서는 잘 쓰지 않는 표현이라고 하는데, 요즘 내가 하루에 한 번은 꼭 쓰는 말이다.

◇◇ 너무 **많은 성을** 가지고 있는 영국 **이름**

　우리나라는 필도 말한 것처럼 미스터 김, 미스터 리, 미스터 박 하면 얼추 다 맞는다고 할 정도로 흔한 성이 있지만, 영국은 성의 종류가 적지 않다. 내 한국 친구들 중에 같은 성을 가진 친구는 아주 많지만, 내가 알고 있는 영국 친구, 같이 근무하는 학교에 있는 모든 선생들이 다 다른 성을 갖고 있다고 하면 그 차이가 설명이 될까. 대신 흔한 이름은 많다. 내가 가르치는 여학생들 중 흔한 이름은 에마Emma, 쏘피Sophie, 하나Hannah, 로라Laura, 에밀리Emily, 알렉스Alex, 홀리Holly, 클로이Chloe, 케이티Katie, 에비Abby, 니콜Nicole 등이 있고, 남학생 이름은 톰Tom, 맷Matt, 조쉬Josh, 로리Rory, 팀Tim, 알렉스Alex, 에드워드Edward, 잭Jack, 올리버Oliver, 루이스Lewis 등이 있다.

　또 하나 알게 된 사실이 있다면, 내가 보기엔 전혀 다른 이름이라고 할 정도로 원래 이름과 불리는 이름이 다르다는 것인데, 이름이 길어서 줄여서 부르는 거란다.

　이밖에도 재밌는 건 우리도 엄마가 '은영아' 하지 않고 '김! 은! 영!' 하고 성을 붙여서 부르면 뭔가 심상치 않은 일로 혼내려나부다 하듯이, 영국에서도 엄마가 성에 이름까지 본래대로 부르면 'I am in trouble.으, 나 뭐 잘못했나 보다' 를 느끼게 된단다.

　　:: 본래 이름과 줄여 부르는 이름들

　• 토마스Thomas − 톰Tom

　• 알렉산드라Alexandra − 알렉스Alex

- 사만사Samantha – 샘Sam 혹은 새미Sammie

- 일리저베스Elizabeth – 베스Beth 혹은 리즈Liz 아니면 리지Lizzy

- 필립Philip – 필Phil

- 로버트Robert – 밥Bob '로버트' 가 '밥' 일 수 있다니!

- 프란체스카Francesca – 프란시Francy

- 에드워드Edward – 테드Ted '에드워드' 가 '테드' 라니, 정말 딴 이름 같지 않은가! 혹은 에
  디Eddy

- 윌리엄William – 윌Will 혹은 빌Bill 이것도 듣고 깜짝 놀랐다. 어떻게 '윌리엄' 이 '빌' 인가!

- 제니퍼Jennifer – 제니Jenny

- 맷쓔Mathew – 맷Matt

- 티모씨Timothy – 팀Tim

- 에비겔Abigail – 에비Abby

- 크리스토퍼Christopher – 크리스Chris

10 불규칙 동사를 몰라?

대학원 수업시간이었다.

"아이들은 우리가 보기에는 퇴보한 거 같지만 사실은 그게 발전일 수 있습니다. '틀린 발전'이지만 그게 아이 나름으로는 발전한 것이죠. 나중에 자신의 오류를 스스로 찾아내면서 더 크게 발전해 나가는 '퇴보의 발전.' 개구리가 더 멀리 뛰기 위에 뒤로 움찔하는 것과 같은 거죠. 가장 전형적인 예가 바로 이제 막 말을 배우는 아이들입니다. 우리가 보기엔 틀린 거지만, 아이는 아이 나름대로 언어의 패턴을 찾아내 쓰는 거거든요. 예를 들면…… 중략 그렇기 때문에 우리는 수학을 가르치면서도 아이들의 오류를 보면서, 왜 이런 생각을 한 것일까 유심히 볼 필요가 있어요."

교수가 그때 든 예는 한창 말을 배우고 있던 유원이한테서 내가 이미 느끼고 있던 것이었다.

유원이가 bringed, speaked, catched 같은 단어를 문장에 쓰기 시작했다.

바로 우리가 마르고 닳도록 외운 불규칙 동사들. 과거를 말할 때는 ed를 붙인다는 패턴을 터득하고 동사의 원형에다 ed를 붙이기 시작한 것이다. 유원이가 이 단어들을 썼을 때 '아, 원어민들도 처음 언어를 배울 때는 이런 단계를 거치는구나' 했었다. 한국 사람들은 불규칙 동사를 시험으로 보면 정답을 잘 찾아내지만, 막상 회화에 쓰려면 나도 모르게 ed를 갖다 붙이게 되는데ed라도 붙이면 다행이게? 과거를 말하면서도 현재 동사를 쓰지 않는가! 나도 그 단계를 다 거친 사람이라 잘 안다! 원어민인 유원이도 그 단계를 거친다는 것이 참 신기했다.

금요일 오후 마지막 수업시간. '이제 토요일이라 집에서 논다!' 는 생각에 아이들의 집중도가 떨어져서 제일 수업이 안 되는 시간이다. 그래서 가끔씩 나는 일부러 삼천포에 빠진다. 인기관리 비결이랄까.

"너희들도 알다시피 내가 가끔 영어 단어를 잘못 써서 우리 남편한테 구박받잖냐."

"선생님 남편이 구박해요? 어머어머, 하하하."

"아, 뭐 구박까지야. 나처럼 다른 나라 말로 수학 가르칠 수 있는 사람이 얼마나 된다고 이 똑똑한 부인을 구박하겠냐. 감히! 그러는 본인은 한국어로 수학 가르칠 수 있냐구!"

"맞아요, 맞아. 선생님이 훨씬 멋져요!"

"자자, 그냥 웃자고 내가 한번 해본 소리고."

"나야 말로 영국 사람이 영어 똑바로 못한다고 가끔 구박을 하지."

"어떤 거요?"

나는 본격적인 문법 설명을 시작했다.

"영국 사람들 중에 'I done it.' 이라는 말을 하는 사람들이 가끔 있지. 그건 절대 있을 수 없는 말이거든. done은 동사 원형이 do이고, do-did-done으로 변형되는 불규칙 동사. done은 완료형이니까 반드시 have를 붙여야지.”

10학년 아이들에게 이렇게 설명을 했을 때 아이들은 전부 저게 무슨 화성인 말인가 하는 얼굴로 쳐다봤다.

“지금 무슨 소리 하시는 거예요?”

“What are you talking about?”

“내 그럴 줄 알았다. 내가 이런 말 하면 내 남편도 그런 말을 하거든.”

그러면서 규칙 동사, 불규칙 동사들을 내가 외운 일, 유원이가 처음 말을 배울 때는 무조건 ed를 붙여서 과거형을 만들더니 좀 지나니까 불규칙 동사들을 잘 섞어 쓰더라는 일, 아마 너희도 어렸을 때는 그랬을 거라는 얘기, 남의 나라 말을 하려면 엄청난 노력이 필요하지 않겠냐는 얘기들을 했었다.

“규칙 동사, 불규칙 동사는 어떤 게 있는데요?”

“규칙 동사는 많잖아. talk-talked-talked 같은 거, answer-answered-answered…….”

“불규칙 동사는 글쎄, 갑자기 생각이 안 나네. go-went-gone 같은 거. 그래, swim! 전형적인 불규칙 동사지. 한국 사람인 내가 문장에서 정확하게 쓰려면 머리로 생각부터 해야 되는 동사. swim-swam-swum.”

“뭐라구요?”

“What?”

아이들의 얼굴은 또 한 번 일그러졌다.

“잘 봐봐. 두 번째에 있는 swam은 과거형이야. 세 번째는 완료형. 그러니까 세 번째는 반드시 have 동사와 써야 하는 거지.”

아이들은 자기들끼리 어제 수영을 했네, 이따가 수영을 갈 거네, 몇 시간 동안 수영을 했네, 어쩌구하면서 swim을 이용한 문장을 만들어 자기들의 언어 습관을 '문법적으로 분석' 한 나의 이론을 확인하려 들었다.

"맞어, have swum하지 have swam이라고는 안 하지!"

자기들끼리 열띤 토론을 하더니 나의 이론에 수긍을 한다.

"선생님이 영어선생님보다 영어를 더 아는 거 같아요!"

"말도 안 되는 소리. 나는 아는 거랑 입이랑 따로 놀잖냐. 만날 실수하고. 제2외국어라는 건 그런 거 같애. 언어천재가 아닌 한 너희들처럼 자연스럽게 말할 수 없지."

"아무튼 누가 'I done it.'이라고 말하면, 'I did it.'이라고 하던가 'I've done it.'이라고 하라고 말해줘라. 알았지?"

'참 신기하게 영어 공부를 하네' 하면서 쑥덕쑥덕, 여전히 한쪽 구석에서 swim 동사로 토론을 벌이며 쑥덕쑥덕하고 있는 아이들에게,

"아이고, 됐다, 됐어. 영어수업은 이걸로 끝. 자, 얼른 다시 수학공부하자."

하면서 삼천포에서 나오려고 했지만 금요일 마지막 수학시간에 들은 신기한 영어 강좌에 매료된 아이들은 계속 삼천포에 빠져있고 싶어했다.

◇◇ **lazy**한 영어

영국 사람들 중에 문법 위주로 배운 우리로서는 영 이상해 보이게 doesn`t을 안 쓰고 ʻI don`t know.ʼ 하듯이 ʻshe don`t know.ʼ ʻHe don`t know.ʼ로 말하는 사람들을 꽤 보았다. 여기 사람들 얘기로 교육 수준이 좀 떨어지는 사람들이 그런 ʻlazyʼ 한 영어 생각 없이 그냥 쉽게 내뱉는 영어라고 할까. ʻI don`t know니까 그냥 She don`t knowʼ 해버리는 식를 한다고 하더라. 본문에도 썼지만 영어를 모국어로 쓰는 사람들은 우리처럼 철저히 문법을 따지지 않기 때문에 불규칙 동사의 스펠링을 종종 틀리는 경우가 있다. 담임선생으로서 반 학생들의 전 과목 선생님들이 쓴 보고서를 체크하다 발견한 ʻhave leadʼ 문장. lead—led—led인 동사라 내 눈에는 틀렸다는 게 바로 들어와서 빨간 표시를 했는데, 학교에 가서 다른 수학선생들과 얘기하며 물으니 나만 그걸 찾아내서 혼자 우쭐!

> lead는 ʻ리드한다, 앞장선다ʼ는 의미로 쓸 수 있지만, 보고서에서는 ʻ뭔가로 이어진다, 야기된다ʼ는 의미로 쓰였다. 간단히 예를 들면 다음 문장에서 이러한 뜻으로 사용되었다. She has been working very hard this year, which has led to great improvement in her algebra understanding. (그녀는 올해 공부를 아주 열심히 했기 때문에 대수학을 이해하는 능력이 많이 향상되었다.)

11

도하기, 패기, 고패기, 내누기 수업

내가 다니고 있는 학교에는 주마다 늘 이런저런 행사가 있다. 일 년에 한 번은 꼭 있는 유러피언 랭귀지 데이European Language Day. 제2외국어의 중요성을 아이들에게 심어주고자 해마다 약간씩 주제를 바꿔가며 행사를 한다. 기본적으로 하는 일 중 하나는 모든 과목 수업에서 어떻게 해서든 유럽 언어를 써보는 일.

작년에는 '언어가 뭐 유럽 언어만 있냐, 아무 언어든 하면 되는 거지' 싶어서 수학시간에 중국어 숫자를 가르쳐 주었다. 백까지는 잘 따라 그리다가 '만萬' 자를 써서 보여주니 '저걸 무슨 수로 그리냐' 투덜거리면서도 입술을 움찔움찔해 가며 집중해서 그리는 아이들의 모습이 예뻤다.

올해는 뭘 할까 하다가, 고등학교 때 배운 스페인어를 이용해서 빙고를 해 보기로 했다. 읽기가 한국어처럼 쉬운 스페인어. 뜻은 다 까먹었어도 숫자 정도는 읽을 수 있겠다 싶었다.

7, 8, 9학년.

"도스 마스 우노2 빼기 1은?"

가로, 세로 4개 칸, 1부터 16까지 아무렇게나 적은 후, '1 더하기 2는?' 하면 3을 지우는 식으로 해서 4개의 줄을 완성하면 '빙고'를 외치는 게임. 30분 정도 다른 언어를 써서 셈을 해보는 정도로 의미를 두면 되는 거였다.

"도스 뽀르 뜨레스2 곱하기 3은?"

하면서 7, 8, 9학년은 재밌게 잘 넘어갔는데, 2년 전에도 가르쳤던 아이들인지라 나와 두터운 친분을 자랑하던 10학년 아이들은 한국어로 하자고 박박 우겼다.

"선생님, 스페인어는 너무 시시해요."

10학년 아이들은 이미 스페인어를 배우고 있었던지라 시시하다는 말은 맞는 말이었다.

"좋다. 그래. 한국어로 하자."

하면서 칠판에 숫자와 발음을 써주었다.

1 - Ill

2 - Ee

3 - Sam

4 - Sa

5 - O

육을 쓰려니 스펠링을 어떻게 써야 될지 몰라 학생들에게,

"발음이 '육' 인데 스펠링을 뭐라고 할까?"

했더니 대충 Yuk이라고 쓰란다.

이렇게 중간 중간 물어가며 10까지 완성했다.

6- Yuk

7- Chil

8- Pal

9- Goo

10- Ship

이왕 언어수업인데 할 말은 해야겠어서 죄도 없는 우리아빠를 동원했다. 거짓말까지 좀 섞어서.

"우리아빠는 영어를 전혀 못 하신다. 숫자는 1부터 10까지 정도 셀까. 11을 영어로 세면서 그러시는 거야. 텐 원. 12면 텐 투. 그래서 내가 그랬지. 아빠, 텐 투가 아니고 투엘브예요. 아빠가 그러시는 거야. 11이면 텐 원해야지 왜 일레븐이냐구. 한국말은 그렇거든. 10까지 세면 바로 ten one부터 다시 시작하는 거지. 텐 투, 텐 쓰리……. 한국어가 영어보다 훨씬 쉽고 논리적이지 않니?"

"어머 정말 그렇네. 그럼 ship ill하면 일레븐이 되는 거예요?"

"그럼 그럼. 20이 되면 ee ship했다가 ee ship ill하는 거고."

"야, 진짜 쉽다."

"그럼 백은 ship ship이에요?"

"백은 따로 있지. Back이라고."

똘똘한 아이들이라 금방 이해를 하더니, 256같은 숫자도 금방 읽어냈다.

"Ee back o ship yuk"

이렇게 해서 더하기, 빼기, 곱하기, 나누기 발음까지 칠판에 다 써준 후 본

내 생일이라고 학생들이 인터넷에서 한글을 찾아서 만들어 온 카드

격적인 빙고를 시작했다.

"자, 모두들 준비!"

하고 숫자를 읽으려는데 내가 한국식으로 발음을 하면 아이들이 못 알아들을 것 같다는 생각이 들었다. 3 발음을 sam이라고 써줬지만, 이 아이들은 이미 그걸 '쌤' 으로 읽고 있었기 때문이다.

'뭐 어때. 어차피 즐겁게 한번 노느라 해보는 건데. 다르게 읽으면 뭔소리냐고 하면서 게임의 흐름을 방해할 게 뻔한데 써진 대로 읽어줘야지.'

하면서 문제를 냈다.

"쌤쉽 내누기 욕30 나누기 6." 나누기를 nanoogy라고 써줬지만 아이들은 '내누기' 로 읽었고 육도 이미 '욕' 처럼 읽고 있었다.

"췰 패기 싸7 빼기 4." 빼기 발음을 못해서 'pegy' 로 써줬더니 발음이 이렇게 됐다.

“일 도하기 구우ㅓ 더하기 9.” 더하기 발음을 영어로 어떻게 써야 할지 몰라 ‘dohagy’라고 써주었다.

‘야, 이게 무슨 한국어냐. 진짜 웃긴다 진짜 웃겨. 내가 이런 한국어를 할 줄이야.’

웃음이 나서 혼났는데 아이들은 마냥 즐거워한다.

“선생님, 제가 한번 문제 내볼게요. 저 좀 시켜주세요.”

“Mrs Mallett, please, can I make up a question, please!”

“그래? 그럼 너가 한번 내봐라.”

“욕쉽싸 내누기 팰64 나누기 8.”

“구우쉽 패기 팰쉽쌤90 빼기 83.”

찬물이라도 끼얹은 듯 조용한 교실에서 아이들은 온 신경을 집중해서 문제를 듣고 답을 색칠하는데 나는 자꾸 나오는 웃음을 주체할 수가 없었다.

“선생님, 오늘 수업 너무 재밌었어요. 우리 또 해요.”

그러며 나가는 아이들의 뒷모습을 행복하게 바라봤다.

◇◇ **레벨별** 수학**수업**

　사람들이 가끔씩 묻는 게 영국과 한국의 수학 수준이다. 영국은 학생들의 수준에 따라 레벨별 수업을 하기 때문에 딱히 대답을 하기가 힘들다. 굳이 설명하자면 우리로 치면 고1 때 정부공인 시험을 보는 영국의 수학을 예로 들면 이렇다. 같은 나이지만, 레벨1에 있는 아이들은 벡터, 원의 방정식, 싸인, 코싸인, 아크탄젠트가 나오는 시험을 보는데, 정말 학습 능력이 떨어지는 아이들은 '2×-4'를 몰라서 틀리기도 한다.

　사실 레벨별 수업에 대한 나의 생각을 말하려면 무수한 예를 들어가며 책의 3분의 1은 할애해야 할 정도인데 요점만 말하면 이렇다. 선생님 말을 알아듣지도 못하면서 수업에 앉아 있다가 시간만 낭비하러 학교를 갈 것이냐, 아니면 하나라도 배우러 학교를 갈 것이냐. 수영을 배우는 유원이를 물끄러미 보며 생각했었다. 수준이 다른 아이들을 한 물속에 넣고 수영을 가르치면 그게 제대로 된 레슨이 될까. 유원이는 아직 물에 뜨지도 못하는데 고급수영반에 들어가면 영원히 뜨지도 못하고 허우적대면서 물만 먹다가 수영장을 아예 가지도 않겠다고 하지 않을까. 레벨별로 수영을 배우는 거랑 레벨별로 수학을 배우는 거랑 과연 다른 것일까.

microwave전자레인지가 아니고 microscope현미경!

영국은 대학을 가기 위해 공부하는 기간이 2년인데 수학이 선택 과목이다. 영국 텔레비전에서 너무나 기본이 되는 학문인 '수학'이 선택과목이기 때문에 국가의 수학수준이 점점 떨어지고 있다는 의견을 본 적이 있는데, 실제로 수학을 가르치는 나는 그 말에 동의하지 않는다. 교실에서 아이들을 가르쳐 보면 수학을 이해하는 능력은 아이들 별로 천차만별이다. 학교 다닐 때 죽을 힘을 다해 달렸어도, 허벅지에서 불이 나도록 다리를 움직였어도 나는 100미터를 18초 이내로 끊을 수 없었고, 체육에 재능이 있는 아이들은 15초대로도 뛰었다. 수학도 체육처럼 재능에 따라 성취도가 다르다는 걸 한국 사람들은 인정하고 학원 건물에서 어린 시절의 대부분을 보내는 비극을 제발 멈췄으면 좋겠다.

대학에서 전공하게 될 학문에 수학이 필요한 아이들은 수학을 선택한다. 그리고 일단 수학을 선택한 아이들은 우리나라 학생들이 배우는 수학보다 더 많은 걸 배운다. 그리고 수학에 뛰어난 재능이 있는 아이들은 더 세분화된 과목을 선택해서 내가 대학교 때 배웠던 것들까지 접하고 대학을 가게 되니, '국가의 수학 수준이 떨어지고 있다'는 의견이 100프로 맞다고는 동의하기 힘든 것이다.

학기 초 수학시간. 숙제로 아이들이 푼 문제를 다 검사한 후 점수가 별로 좋지 않은 아이들 때문에 마음이 너무 무거워졌다. 문제가 전부 주관식이기 때문에 푼 식을 일일이 보며 채점을 하려면 시간이 엄청 든다. 출근하는 길 차 안. 무슨 말을 해야 할까, 생각하고 또 생각했다. 숙제 검사한 걸 나누어준 후.

"어제 저녁, 너희들이 낸 숙제를 보며 가슴이 참 답답했다. 난 원래 잔소리 하는 거 싫어하는 사람이거든. 나도 너희 같은 학생일 때 선생님들이 공부 열심히 하라고 만날 똑같은 소리 하는 거 너무 싫었다. 별로 가슴에 와닿지도 않았고. 살아봐야 깨달아지는 걸 말로 하는 게 무슨 소용이 있나. 나도 그렇게 듣기 싫었던 소리를, 과목 선생님들이 한마디씩만 해도 그게 얼만데. 거기다 뭘 나까지 가세를 하나 싶어서 말이지."

"근데 한번 이렇게 생각해보면 어떠니. 내게 7살난 아들놈이 있다. 지금은 커서 그나마 낫지만, 유원이가 어릴 때 반바지를 입고 내리막길을 그냥 내쳐 달려가는 거야. 너희들도 알잖니. 아이들은 그렇다는 거. 저러다 분명 균형을 잃고 넘어져서 손이랑 무릎에서 피가 철철 나고 울음바다가 될 텐데. 한 번 크게 넘어져서 아파봐야 앞으로 조심할라나. 뭐가 옳은지는 엄마들마다 생각이 다르겠지만 나는 유원이 손을 잡게 되더구나. 차들이 막 다니는 길을 어린 사내놈이 뛰어다니고 있다고 생각해봐라. 무슨 일이 벌어질지 뻔히 보이는데,

너희들이라면 그 아이를 막지 않겠니? 전혀 모르는 아이라 해도 너희들 마음 속에서는 그 아이를 막아야 한다는 생각이 들 거야. 큰 사고가 날 거라는 걸 아니까. 너희는 컸기 때문에 경험이 있고, 판단력도 있으니까."

"내 마음이 그렇다. 너희를 보는 내 마음이 그래. 누구는 좀 잘하고, 누구는 좀 못하고. 그치만 따지고 보면 다 실력이 그만그만한 너희들. 모르는 게 생길 때마다 점심시간에 찾아오고, 집에서 열심히 복습하고 그러면 2년 동안 꾸준히 실력이 는다. 근데 모르는 게 생겨도 신경 안 쓰고 자꾸 미루고, 내가 이렇게 도와준다고 하는데 찾아오지도 않고 그러면 나중엔 모르는 게 너무 많아져서 포기하게 돼. 나는 가르치면서 경험해 봤기 때문에 알아. 시작할 때는 비슷비슷했는데 끝날 때는 완전히 다르더라는 걸. 차가 막 다니는 길에서 뛰어다니면 큰 사고가 난다는 걸, 피투성이가 된다는 걸 봤는데 내가 어찌 그걸 막고 싶은 생각이 들지 않겠니. 내가 지금 하는 얘기가 잔소리의 하나로 기억되겠지만, 어제 너희들 숙제 검사를 하면서 그런 기분이 들었다. 그래도 어떻게 해서든 막아야겠다고. 모르는 게 있으면 그냥 넘어가지 말고 제발 찾아와라. 그랬던 아이는 정말 좋은 성적을 받고 졸업했다. 난 봤기 때문에 알아."

아이들 얼굴이 좀 숙연해졌다. 그리고 이어진 미분에 관련된 수업.

중략

"그러니까 미분이라는 게 말이다……."

"So when you differentiate this equation……."

중략

"이 곡선의 한 점에서 기울기를 구해보면……."

"The gradient of the tangent at this point……."

중략

"봐라. 이렇게 직선이 그려졌지? 이 곡선과 직선이 맞닿은 여기……."

"Look at this. You can now see this straight line. Here, the line just touches the curve……."

이러며 얘기를 하던 중.

"현미경 같은 걸로 확대해서 보면 진짜 아주아주아주아주 작은 점 하나, 거기에 맞닿은 거……."

"If you look at here with a microwave……."

현미경은 microscope, 전자레인지는 microwave. 내 입에서 전자레인지냉동실에 얼려둔 밥 데워 먹느라 매일 쓰는 단어라서 말이징가 나왔다는 걸 0.0000001초 만에 깨달은 나는 아이들과 동시에 막 웃었다.

무릎팍 깨져서 피 철철 난다고 했다가 쏴해졌던 분위기는 5분 만에 와해되어 버렸지만 전자레인지로 사물을 확대해 본다는 소리를 하고는, 좋다고 헤벌레 같이 웃으며 즐거워하던 푼수 선생의 진심이 10퍼센트의 아이들에게만이라도 통했다면 얼마나 좋을까.

◇◇ 모두 **주관식**인 영국의 **수학시험**

영국의 수학시험은 모두 주관식이다. 컴퓨터 용지에 쓴 객관식 답을 기계에 넣고 순식간에 채점한다는 일은 있을 수가 없다. 그래서 아이들이 푼 문제를 채점하는 데 엄청난 시간이 들고, 정부시험일 경우는 '돈'도 많이 든다. 11학년까지 수학은 그나마 단순히 푸는 식을 쓰고 답을 적으면 되지만 12, 13학년 아이들이 보는 시험은 훨씬 더 세분화된다. '방법 점수' 푸는 식은 맞는데 단순 계산이 틀린 경우와 '정확 점수' 식도 맞고 계산까지 맞으면 받는 점수가 따로 있고, 위에서 푼 답을 이용해서 딸림 문제를 풀 때, 위의 답이 틀렸음에도 딸림 문제의 풀이 과정이 맞으면 점수를 준다. 전자계산기를 쓰기 때문에 답이 1.2093 이런 식으로 복잡하게 나오는 경우도 많아서 정확히 알고 풀어야만 답을 맞출 수 있다.

영국에서 교사가 된 건 운명일까

필이랑 가끔 운명에 대해 얘기할 때가 있다.

"운명이라는 게 있을까? 나 말이야, 이 나이 되서 내가 이렇게 멋진 아들 놈이랑 이상하게 생긴 남자랑 앉아서 밥 먹고 있을 거라고는 상상도 못해봤 거든."

"Do you believe in destiny? I never knew that I would have dinner with a handsome son and a weird looking husband."

인간극장 같은 프로에서 너무도 가슴 아픈 사연들을 보면서, '해도 해도 너 무 하잖아, 어쩜 저렇게 슬프고 가혹할 수 있을까, 정말 인간에게 운명이라는 게 있는 걸까' 라는 생각은 잠시 해본 적 있지만 그래도 나는 운명 같은 건 없 다고 믿으며 살아왔다. 그러다 문득 학부모 미팅을 하기 위해 선생들이 빼곡 히 들어찬 강당에 앉아 있는 나를, 자기 딸을 가르치는 수학선생이라고 찾아 와 악수를 청하고 내 얘기에 귀 기울여 듣고 있는 영국 사람들을 보고 있자면,

'내가 어떻게 하다가 지금 여기에 앉아 있게 된 걸까. 정말 운명이라는 게 있는 걸까?' 라는 생각이 든다.

그냥 막연한 생각에, 아니 좀 더 적나라하게 말하자면 한국 실정 그대로, 재수까지 했으니 붙으려고 점수 맞춰서 들어간 서울 시립대 수학과. '수학은 내 길이 아닌 것 같아. 늦었지만 내가 꿈꿨던 디자인을 공부해 보겠어' 하고는 '1년에 시험을 두 번 봐서 좋은 점수를 선택할 수 있게 했던' 대한민국 최초의 수능을 다시 보았다. 1차 시험과 2차 시험의 난이도가 현격히 차이가 나서 대부분 학생들의 1차 시험 점수가 더 높아 결국은 2차 시험이 무의미했다고 뉴스가 떠들썩하더니만, 종국에는 '일 년에 한 번만 시험을 보자' 로 되돌아가게 만든 그 수능. 1차 시험을 보지 않고 2차 시험만 보았던 나는 당연 다른 학생들에 비해 점수가 낮을 수밖에 없었다. 그렇게 나의 꿈은 접혔다.

디자인을 공부하고 싶은 꿈은 있었지만, 그 꿈을 이루기 위해 디자인이랑은 전혀 상관없던 수능 공부를 죽어라 하지 않은 이유도 크다. 언젠가 동생이 말했었다. 언니는 사춘기를 대학 때까지 겪은 사람이라고. 인정사정없는 지독한 경쟁이 싫었고, 암기 과목이 싫었고, 불안한 미래가 싫었다고 할까. 힘없는 사춘기 반항아 한 명이 거대한 대한민국이랑 이기지도 못할 미련한 싸움을 한 거였다.

그리고는 다시 해보겠다고 덤빈 게 영어. 수학과를 다니는 사람이 영어라니. 수학에서 디자인도 생뚱맞은 전향인데 수학에서 영어라니. 공부 자체는 재미도 있고, 하루하루 내 영어가 나아진다는 걸 느낄 수 있었으므로 나쁘지 않았다.

운명의 장난이라는 말을 내 인생에 억지로나마 적용시켜 보자면, 본격적으로 통역대학원을 목표로 공부해서 2년 연속 떨어지고, 조그만 회사에서 맘고생 좀 하다가 영국 회사에 취직하게 된 그 순간이 바로 그 시작이 아닐까 싶다. 그 순간이 있었기에 나는 일하면서 영어를 더 잘할 수 있게 되었고, 필을 만났고, 점수 맞춰 들어가서 딴 학위이지만 그게 국제적으로 통하는 수학이라는 학문이었기에 감히, '영국에서 선생을 해봐, 그럼?' 까지로 운명의 장난이 전개된 것이다.

결코 쉽지 않은 길을 걷고자 했던 나를 옆에서 지켜봐 온 필은 말한다. 거기까지 펼쳐진 운명의 장난을 결국은 온전한 자기 것으로 만들어낸 건 당신의 노력 아니었겠냐고. 대책도 없이 대한민국이랑 싸우는 철없는 반항아였을 때랑은 달랐다. 30대가 되어서야 꿈을 꾸며 하는 공부의 재미를 알게 됐다고 할까.

'마름모, 평행사변형, 사다리꼴, 이등변삼각형…… 거 참 영어로 발음하기 무지 어렵구먼.'

'아니 여기는 왜 분수를 분자부터 읽고 쓴다냐.' 이 버릇 고치는 데는 거의 1년이 걸렸다.

'x의 4승을 영어로는 어떻게 읽지? 아, 읽는 방법은 책에 안 나오네.'

'$\sin\theta$는 여기서도 싸인 쎄타라고 하나? 쎄타야, 씨타야.'

'음, 삼각형의 합동이 영어로 이거구먼.'

'미분에 대한 개념을 영어로 어떻게 설명해볼까.'

단원별로 나오게 되는 어휘들을 묶어 정리하고, 영어로 읽는 방법을 연습하다 기저귀도 갈고 이유식도 만들었다. 어제 정리한 단어들을 오늘 다시 보면서 젖병도 소독하고, 필이 퇴근하고 올 때쯤엔 영국 요리도 따라해 보았다. 어려운 문제 찍어서 몇 개 풀어 봤는데, 답이 딱딱 들어맞아서 크크크 역시 내 머리는 삭지 않았어, 혼자 유치하게 좋아하다가 유원이 목욕을 시켰다.

진짜 아이들을 가르쳐야 되는 실습선생이 됐을 땐, 자면서도 수업 생각만 했다. 자긴 잔 거 같은데, 10분에 한 번씩은 깨서 수업 생각을 한 기분. 오늘은 제발 푹 자라고 암만 최면을 걸어도 푹 자지지가 않았다. 멘토들의 얘기를 들어보니, 대부분의 실습생들은 다 그렇다고 했다.

'어떻게 설명해야 아이들이 이해를 더 잘 할 수 있을까.'

'내일 축적에 대한 걸 배우는데, google earth이 인터넷 사이트를 이용해서 지구 반 바퀴를 돌아 아이들에게 한국의 천호동 집을 보여준 적이 있다. 런던과 리버풀간의 거리와 각도 재기 같은 수업을 할 때도 가끔 쓴다.로 서울을 한 번 보여줄까.'

'7학년, 퍼센트 수업을 하는데 우주에서 거대한 혜성이 지구로 떨어졌다고 하면서 시작을 해볼까. 중국에 혜성이 떨어져서 인구의 5퍼센트가 죽었다고 하고, 인구 300명의 남태평양 어디 조그마한 섬에 떨어져서 인구의 5퍼센트가 죽었다고 하면…… 아이들이 내가 뭘 말하고 싶어하는지 흥미롭게 듣지 않을까. 혜성은 구글 이미지에서 찾으면 근사한 게 하나 나오겠지.'

'내일은 육면체의 겉넓이를 할 거니까, 가위랑 풀을 준비해야겠군. 아이들이 전개도를 직접 그려서 잘라봐야 입체를 보고 제대로 된 평면도를 그린 건지 알 수 있지.'

'무조건 분당으로 통화료를 내는 핸드폰이랑 한 달에 기본료를 일정액 내면서 싼 분당 통화료를 내는 핸드폰이 있다고 했을 때, 내가 한 달에 40분 정도 통화를 하는 사람이면 어떤 핸드폰을 선택하는 게 싼가, 그래프로 비교해 보자고 해야겠다.'

'9학년 똘똘한 요놈들이랑 화투를 가지고 한번 수업을 해봐? 3명이 고스톱을 친다고 했을 때 왜 7장씩 갖고 6장을 깔게 되는지, 수학적으로 분석을 해볼까나? 2명이 치면?

수업에 대한 생각은 멈춰지지가 않았다. 실제로 화투를 쳐보겠다고 목을 맸던 9학년 몇몇 남학생들과는 점심시간에 화투판을 벌이기도 했으니, 실습생 때는 열정이 좀 과하긴 했었다.

수업을 하기 위해서는 반드시 수업 계획서를 제출했어야 했는데, 그 일 역시 만만치 않았던 게, 수업을 하다 힐끗힐끗이라도 보라고 만드는 계획서를 영어로 쓰면 한국인 눈동자를 가진 내 눈으로는 암만 힐끗 해봤자 의미가 없다는 거였다. 그래서 나는 영국 선생한테 제출하는 용으로 영어 수업 계획서 하나, 내가 수업시간에 볼 용으로 한국어 수업 계획서 하나, 이렇게 늘 두 개를 준비했다. 영어가 모국어가 아니기 때문에 다른 사람들은 하지 않아도 될 일을 더 해야 했던 나. 이런 나의 노력을 높이 사주는 좋은 멘토들을 만난 덕에 힘든 날들을 덜 힘들게 보낸 것 같다.

운명이라. 필이랑 심심풀이로 이런저런 얘기를 하다 보면 나는 항상 이렇게 말꼬리를 흐린다.

"지금의 나를 보면, 운명이 아주 없다고는 말 못하겠어."

"Looking at my life, I can't say there is no such thing as destiny."

◇◇ **스펠링** 헷갈리는 **수학** 용어

:: '평행사변형parallelogram' 이랑 '이등변삼각형isosceles triangle' 단어
는 영국 선생들도 헷갈려하는 스펠링으로 되어 있다. 평행사변형은 아이들도 혀가
꼬인다고 하면서 발음하기 어려워한다. "원어민인 너도 잘 안 되는 발음이 나는 잘
되니 기분 좋은데?" 했던 적이 있다. 나도 수십 번 연습했다. 패럴렐러그램, 페럴렐
러그램.

- 평행사변형 : parallelogram

- 사다리꼴 : trapezium

- 정삼각형 : equilateral triangle

- 이등변삼각형 : isosceles triangle

- 마름모 : rhombus

- 사각형 : quadrilateral

- 다각형 : polygon

◇◇ **수학** 관련 **용어**

- 덧셈 : addition

- 뺄셈 : subtraction

- 나누기 : division

- 곱셈 : multiplication

- 분수 : fraction

- 분자 : numerator

- 분모 : denominator

- 정수 : integer

- 겉넓이 : surface area

- 전개도 : net

- 원의 지름 : diameter 반지름 하면 그냥 half하면 되지, 그게 또 따로 있어서 아이들이 매일 헷갈려 한다. 반지름은 radius

- 원의 둘레 : circumference 이것도 그냥 '둘레' 하면 될 것을 원의 경우 따로 이렇게 부르고, 다른 도형들의 둘레는 perimeter라고 한다. 영어가 한국어보다 훨씬 단어가 세부적이다.

- x^5 : x to the power of five

- $3\frac{2}{3}$: three and two thirds

- 합동 : congruency

- 피타고라스 정리 : Pythagoras Theorem 영어로는 '파이싸고라스' 라고 읽어서 이게이게 어찌 같은 사람 이름인가 했다.

- $\sin\theta$: 보통 '씬 씨타' 로 읽는다.

- $\cos\theta$: 코스 씨타

- $\tan\theta$: 탠 씨타

14

입에서 뱅뱅 도는 영어 단어 말해주는 아줌마

어느 날 차 안에서 이런저런 얘기를 하며 가던 중이었다.

필 : "그 외 있잖아. 사막에 가면 가물가물 보이는 거. 근데 진짜는 아니고, 뭐더라. 나 사막에서 그거 본 적 있어."

"You know, what do you call it, you can see it in a desert, not real but it seems real, I've seen it before."

나 : "신기루?"

"Mirage?"

필 : "응, 맞어."

"That's it, Mirage."

나 : "아저씨, 솔직히 말해 보시죠. 원어민도 입에서 뱅뱅 도는 단어를 제가 척척 대주는데, 저 대단하지 않습니까? 불쌍한 이 아줌마, 좀 띄워주시라구요."

필 : "그러게. 자기는 여기서 유원이처럼 어릴 때부터 교육을 받은 사람도 아닌데 말이야. 일상 회화에 쓰는 단어가 아닌 것들도 잘 안단 말이야.

나는 영어 공부할 때 단어를 참 열심히 외웠다. 독해능력이라는 것이 모르는 단어가 한두 개쯤 나와도 대충 앞뒤 내용으로 유추해서 요지를 파악하는 것인데, 나는 그런 단어들을 그냥 건너뛰지 못하고 반드시 사전을 찾아 정확한 발음을 알아내고 뜻을 적어놓았다. 독해는 독해대로 이해를 한다 해도 모르는 단어는 나중에 또 나올까봐 그냥 지나칠 수가 없었던 것이다.

단어를 외울 때는 정확한 발음으로나는 사전에 나와 있는 발음 기호를 숭배했다고 해도 과언이 아니다. 유창한 발음은 아니더라도 정확한 발음과 강세는 반드시 알아야 했다 읽으면서 단어를 뚫어져라 쳐다보았다. 쓰면서 단어를 외우면 팔도 아플 뿐 아니라 '손이 일을 하는 동안' 머리는 번번이 딴생각을 하게 되는지라 쓰면서 외우는 방법은 고등학교 때 이미 포기했다. 뚫어져라 쳐다보기만 해서 단어가 외워질까 싶지만, 쓰면서 외워도 헷갈릴 만한 단어가 아닌 건 집중해서 쳐다보는 것으로도 외워졌다. 물론 같은 단어를 뚫어지게 쳐다보는 일을 '아주 여러 번' 했어야 하는 건 당연한 일. 영어 공부하는 사람들 중에 가끔 보면 사전을 찾아 정확한 발음을 익히지 않고 영어가 써진 대로 자기가 추측해서 읽고 마는 사람들이 있는데 절대 안 될 말이다. 영어 알파벳은 우리말처럼 한 글자당 한 개의 소리가 있는 언어가 아니거늘, 어떻게 그렇게 할 수 있는가.

알고 있는 것이겠지만 쉬운 예를 들면 이렇다. 인터넷을 돌아다니다 어떤 사람이 '살몬'이라고 썼길래, 도대체 살몬이 뭐야 하고 읽어보았다. 자세히 읽어보니 연어를 연어라고 안 하고 영어로 살몬이라고 한 거였는데, 연어는 salmon, 보기에는 발음이 '살몬' 같지만, l이 묵음이고 a도 '아' 발음이 아닌지라 '새먼'에 가깝게 발음된다. 이렇듯 사전을 찾아 정확한 발음을 익히지 않으면 외국 사람들은 모르는 자기만의 영어를 하게 되는 거다. 아무튼 이렇게 정확한 발음으로 열심히 외운 단어가 듣기 공부를 할 때 들리면, '거 봐, 아는 단어니까 들리잖아' 그러며 너무도 당연한 깨달음을 얻게 된다.

통역대학원 시험을 번번이 떨어졌으니, 뚫어져라 쳐다보며 외운 단어들은 그냥 그렇게 사장되는 듯 했다가 보조교사 생활을 시작하면서 비로소 빛을 보기 시작했다.

아무리 대학교 수준의 수업이 아니더라도 영국 중고등학교에서 배우는 영어, 과학, 역사, 지리 같은 과목 수업에 들어가 보조교사를 한다는 것. 학습 능력이 떨어지는 학생들을 돕는 일을, 어휘 능력이 떨어지는 보조교사가 제대로 할 수 있겠는가. 단순히 일상 회화를 하는 게 아니라 학문을 배우는 '수업'을 듣고 이해를 할 수 있을 만큼 어휘가 준비되어 있었던 나는, 어린아이처럼 누구에게든 칭찬 받고 싶은 마음이 간절했었다.

'나 좀 누가 칭찬해 줘. 나 이만하면 잘하고 있는 거 아니야?'

'I am looking for praise here. Lots and lots of it. Don't you think I am doing really well?'

폼 잴 상대가 없으니 만날 필 앞에서 폼을 잡으며 억지로 칭찬 좀 해달라고 간접 메시지를 보내곤 했다.

마그마가 암석이 되는 과정을 배우고, 열대우림 기후에서 나무들이 어떻게 자라는지를 배우는 일, 입으로 들어간 음식이 아밀라아제에 의해 분해되어 결국에는 몸속의 에너지가 되는 과정, 1차 세계대전을 배경으로 쓰여진 시를 읽으며 전쟁의 참상을 이해하는 시간. 중학교 때 배운 것들이 다행히 머릿속에서 살아나기도 했지만, 어휘가 바탕이 되었기 때문에 듣기와 말하기도 금세 늘 수 있었던 게 아닌가 싶다.

◇◇ '그거, 아이고 뭐더라?' 는 '왓쥬콜릿'

'It was on the tip of my tongue.입에서 뱅뱅 도네' 이 문장과 비슷한 뜻으로 'What do you call it?' 이 있다. 무슨 말은 해야겠는데 단어가 생각이 안 날 때, '그 외 있잖냐, 뭐더라? 그럴 때 쓰는 말이다. 일상생활에 아주 많이 쓰인다. 특히 정신 깜박깜박하는 아줌마들이 '그거, 그거, 아이고 뭐더라?' 그럴 때. 발음은 '왓쥬콜릿' 처럼 된다.

15 나한테 교사 자리를 준 영어 공부

나는 20대 후반에 본격적으로 영어 공부를 했다. 대학교 3학년을 마치고 어학연수를 1년 갔다 온 경험이 있지만, 사실 그건 남의 나라 하숙집에서 눈칫밥 좀 얻어먹으며 약간의 새로운 문화를 접해봤다는 거, 그렇지만 영어는 별반 늘지 않더라는 거, 요즘은 어학연수 갔다 온 사람들이 많으니까 잘 알 것이다. 1년 동안 남의 나라 수돗물 좀 먹고 온다고 영어는 느는 게 아니었다. 한국에서 생산되는 버터를 안 먹고, 영국 본토에서 생산되는 버터를 먹고 온다고 발음이 달라지는 것도 아니다. 물론 타고난 언어신동이면 그럴 수도 있겠지만.

영어 공부에 관한 거라면 바이블로 여겨졌던 성문종합영어를 일 년 동안 5번도 넘게 보고, 대입시험에서 영어를 만점 받은 실력이니까 '나는 어느 정도 영어가 되는 사람이지' 라고 생각했었다. 그런데, 지금 생각해보면 '나는 어느 정도 영어가 되는 사람' 이 절대 아니었다. 라디오랑 텔레비전을 종일 틀어 놓고 있으면 어느 순간 귀가 뻥 뚫리는 기적을 경험하지 않을까 싶었지만 나는 끝내 그런 기적을 접하지 못하고 귀국 비행기를 탔다. 되든 안 되든 외국 친구 들이랑 영어로 좀 떠들어 보면 입에서 버터 녹는 소리가 술술 나오겠지 했던 기대는 끝없는 좌절을 불러왔다.

사람이 칼을 뽑았으면 무라도 잘라봐야지라는 말이 있던가. 칼을 뽑아 원 수와 담판을 짓는 건 둘째고영어는 정말 웬수다 웬수 무가 지천에 널려있는 나라에 가면서 칼을 안 가지고 가면, 무는 고사하고 두부나 좀 으깨보고 오는 게 어학 연수다. 나는 코쟁이를 보면 쥐구멍 찾을 정도는 아닐 수준의 영어 실력으로 돌아왔다. 원수도 내 앞에 있었고 잘라볼 무도 산더미처럼 많았지만 난 뽑을 칼이 없었던 것이다. 그것도 나중에 깨달은 것이지만.

그리고는 서울의 한 통역대학원 입시반을 찾았다. 통역대학원을 갈 생각은 전혀 없었지만 남의 나라 수돗물을 좀 먹고 왔기에 나는 영어를 그래도 좀 한 다고 생각한 것이다. 선생님이 교실에 들어서자마자 내 눈앞에는 난생 처음 보는 광경이 벌어졌다. 거기에 앉아 있는 학생들은 선생님이 나누어준 독해 프린트를 받자마자, 눈으로는 영어를 보면서 입으로는 한국어로 해석을 했고, 영작시간에는 신문사설을 바로 영어로 옮겨 썼다. 듣기 시간에는 내 귀에는 전혀 들리지 않는 CNN뉴스를 국제부 기자처럼 한국어로 통역을 하는 것이었 다. 정말 저렇게들 영어를 잘하고 있었단 말인가.

통역대학원은 저렇게 잘하는 사람들이 가는 거구나, 토익이나 잘 받아서 취직이나 해야지 생각하고 나는 그냥 서너 달 껄렁껄렁 학원을 다녔다. 그래 서 정말로 토익은 잘 받았지만 때마침 터진 IMF는 나에게 취업의 기회를 주지 않았다.

선택을 해야 했다. 나이가 무슨 전과 몇 범이나 되는 듯 취급 받는 나라에서 나이, 학벌, 학과 등 아무것도 따지지 않고 영어실력으로만 평가하는 통역대학원이, 그리고 영어 공부가 나름 재미는 있었던 나에게 유일한 길이었다.

공부했다. 열심히 하지 않으면 안 되는 걸 알았으므로 정말 열심히. 아침이면 영어 뉴스를 녹음해서 집을 나왔다. 10분밖에 안 되는 뉴스를 몇 초씩 끊어 이해할 수 있을 때까지 듣다 보면 2시간이 훨씬 넘게 걸렸고, 아무리 들어도 들리지 않는 말은 포기하는 수밖에 없었다. 공부를 하며 깨달은 것이지만, 아무리 들어도 들리지 않는 말은 '한 번도 들어보지 않은 단어' 이기 때문에 안 들리는 거다. 결국, 단어를 많이 알아야, 그리고 그 단어를 한 번이라도 들어봐야 두 번째 들을 때 들린다는 얘기다. 심봉사가 눈을 뜨듯 일순간에 귀가 뚫려서 생전 보도 듣도 못한 단어들이 들리는 게 아니라 공부를 하면 할수록 들리는 양이 늘어난다는 거. 영작, 독해도 마찬가지였다.

남의 나라 말을 내 나라 말의 반 정도 수준이나마 하려면, 그것도 언어를 습득하는 세포인지 뭔가가 뇌에서 다 사라진 어른이 되어 하려면, 막대한 양의 시간을 할애해야만 할 수 있다는 것은 당연한 사실 아니겠는가. 나는 그랬다. 그리고 통역대학원을 붙은 사람들도 그랬다. 남들이 직장을 다니듯이, 아침에 일어나 도서관에 출근을 해서 공부를 하다가 저녁 6시부터 9시까지 학원 수업을 듣고 퇴근하는 생활. 가끔 놀기도 했지만, 그렇게 암울하게 2년 동안 영어공부만 했다. 그리고는 그렇게 가고 싶어했던 통역대학원을 떨어졌고, 과감히 포기하는 것도 용기라 여기고 통역대학원을 단념했다.

통역대학원 입시반에 처음 간 날, 날 충격에 휩싸이게 만든 사람들처럼 나도 영어를 잘하게 됐지만, '자격증 공화국 대한민국' 에서 나이 먹은 죄까지

지고, 힘들게 공부한 영어를 써먹을 수 있는 곳을 찾는 일은 거의 불가능한 일이었다. 그 불가능한 통역이라는 일을 영국 회사가 주었을 때, 통역대학원을 여러 번 떨어지면서도 흘리지 않았던 눈물을 조금 흘렸다.

하루 종일 매니저와 회의를 다니며 통역을 하자 영어는 하루가 다르게 늘었다. 칼도 안 들고 어학연수 가서 두부나 으깬 거랑은 차원이 달랐기 때문이다. 나는 2년 동안 원수와 만나 싸우기 위해 갈은 칼을 뽑아 들고 지천에 널려 있던 무들을 연습용으로 시도 때도 없이 잘라볼 수 있었고, 내 칼이 점점 잘 드는 칼로 변한다는 걸 느낄 수 있었다.

한국 사람들에게는 자격증이라는 종이 한 장으로 증명해 보일 수 없는 영어였지만 그렇게 닦은 영어로 나는 영국에서 수학선생님을 꿈꾸었고, 서민 중에도 서민, 평민 중에도 평민인 우리 부모님이 하루에도 골백번씩 자다가도 벌떡 일어나 신기해하는 일, '영어로 수학을 가르치는 일'을 하게 된 것이다.

사람들이 종종 묻곤 한다. 어떻게 하면 영어를 잘하느냐고. 나는 수학과 출신으로 2년 동안 무식하게 공부했기 때문에 '어떻게' 하면 영어를 단기간에 잘할 수 있는지 모른다. 그렇지만 최소한 '얼마큼' 해야 하는지는 안다. 하루 30분 영어로 귀가 뚫리고 입이 터지는 일은 절대 있을 수 없다. 내 경험과 내 주위에 있는 영어 잘하는 사람들이 들인 '시간'을 봤을 때, 하루 30분은 '도둑놈 심보'다. 좀 모진 소리 같지만 사실이다.

◇◇ **'열심히 노력하다'**는 의미가 들어있는 말

우리학교 교장선생님이 내가 담임을 맞고 있는 7학년 아침조회 시간에 잠깐 들러 해주신 얘기가 있다. 우리 반 아이들은 내가 그 나이 때 그랬듯 별 생각 없이 듣고 있었겠지만, 난 혼자서 감동했었다. 누군가 한 말이란다.

The harder you work, the luckier you get.
열심히 하면 할수록 운이 좋아진다.

언뜻 생각하면 열심히 하면 운도 따른다는 말 같지만, 그 뜻을 좀 더 깊이 생각해보면 운이 따라서 뭔가를 이룬 것처럼 보이는 사람들은 사실은, 열심히 했기 때문에 그걸 이룰 수 있었다는 뜻도 될 수 있다. 내가 영국에서 무슨 복이 터져서 선생이 됐을까 했었는데, '그래, 난 열심히 했기 때문에 된 거였어!' 하면서 눈물 찔끔했다. 아줌마가 되면 눈물이 많아진다는 말이 맞다.

그 외에 '열심히 노력하라'는 의미가 담긴 말들을 살펴보면 'No pain, no gain.'이 대표적이다. '고통과 노력 없이 아무것도 얻을 수 없다'의 의미. 비슷한 문장으로 'Patience is bitter, but its fruit is sweet.'가 있는데, 그 뜻은 '인내는 쓰다. 그러나 그 열매는 달다'라는 말이다.

모를 때 물어보는
용기로 얻은 영어 실력

영국으로 떠나기 전 1년 정도 통역 일을 하면서 제일 좋았던 점은 남들은 '돈을 내고' 학원을 다니면서 영어를 배우는데 나는 '돈을 받으면서' 영어를 배운다는 사실이었다. 하고자 했던 일을 하고 있어서 참 행복했던 그때.

회의에 들어가 이쪽과 저쪽의 대화가 가능하도록 해주어야 되는 자리에 있게 되면 내 얼굴만 바라보고 있는 사람들을 기다리게 할 수 없으므로 되든 안 되든 무조건 말을 해야 하는 상황에 있게 된다. 그렇게 하다 보면 느는 것이 '둘러가는 기술'이다.

회의 중.

한국 사람 : "마감 공사가 임박했습니다. 다음 주입니다."

나 : 마감? 임박? 이 영어로 뭐더라? 내가 머릿속에서 한영사전을 펼치면 당장 그 말을 알고 싶은 매니저는 답답해 죽었을 거다. 성질 급한 나라면 그럴 거 같다. 사전 찾느라 머뭇거릴 필요 없이 다음과 같이 말했다.

"다음 주까지 공사를 끝내야 된다네요."

"We need to finish the work by next week."

언어는 한 길로만 통하지 않는다. 돌아서 쉽게 갈 수 있는 길은 얼마든지 있다. 번역은 좀 다르겠지만, 회화는 단어 자체에 매달리지 않고 의미 전달에 목적을 두면 알고 있는 단어를 써서 얼마든지 똑같은 의미의 말을 다르게 할 수 있다는 걸 나는 그때 몸으로 배웠다.

일하면서 깨달은 또 한 가지.

다른 언어를 말한다 하더라도 결국은 사람과 사람의 만남이다. 사람이 하는 일이기에 오해와 혼동은 늘 있을 수 있다. 한국 사람들끼리 미팅을 했는데도 회의실을 나올 때는 머릿속에 저마다 다른 결론을 내리고 나올 수 있는 것처럼 영어 회의도 마찬가지. 상대가 자기 생각을 조리 있게 표현하지 못하는 사람이면 그게 영어든, 한국어든 듣고 있는 사람은 애매할 수밖에 없다. 영어라서 못 알아들었다 생각하지 말고 말에 핵심이 없어서 그럴 수도 있으니 두려워하지 말고 다시 물어보고 확인해야 한다.

영국 사람들이랑 일할 때, 매니저도 그랬고 필도 그랬다.

"한국 사람들은 못 알아듣고도 알아들었다는 듯 끄덕끄덕 하잖아."

"Korean people just nod even though they don't understand. I thought they understood but they didn't."

물론 모든 한국 사람들이 그렇다는 건 절대 아니다. 간단한 얘기라서 통역 없이 한국 사람들이랑 일 얘기를 했는데, 고개를 끄덕끄덕 하길래 알아들었나 보다 하고 며칠 지나보면 알아들은 게 아니었더라는 것이다.

내가 통역을 할 때도 그랬다. 같이 회의를 하다 보면 한국분이 마치 대화를 다 알아듣고 있는 듯 '예스, 오, 음' 해서, '전부 통역을 했는데 다 알아들은 거라면 자기 영어실력을 내가 못 믿는다는 얘기가 되니 기분이 상할 거고, 그냥 건너뛰자니 중요한 얘기인데 그래도 되나' 싶고…… 난감했던 적이 한두 번이 아니었다. 나중에 알게 된 사실이지만 필 말처럼 못 알아듣고도 끄덕끄덕한 사람들이 대부분이었다.

세상에 100% 완벽한 인간은 있을 수 없지 않는가. 모르는 건 모른다고 인정할 수 있는 용기, 그렇기 때문에 한 번 더 묻고 확인해서 모든 걸 분명히 하려는 적극성을 가진 사람이 결국은 완벽한 인간이 아닐까. 모르는 걸 모른다고 인정하는 용기 있는 사람을 무시하는 사람은 어차피 좋은 성품을 가진 사람이 아니지 않는가. 그런 사람은 용기 있는 내가 무시하면 된다. 스스로의 부족함을 알고, 묻고 배워서 발전하고자 하는 사람 곁에는 그런 사람을 도와주고 이끌어 주는 사람이 반드시 있다.

많지는 않지만 영국 정부가 주는 월급을 받으며 살게 되기까지 수없는 언어장벽을 넘었다. 모르니까 물었고, 이해한 것 같아도 100% 확신이 들지 않으면 속이 후련해질 때까지 확인하고 또 확인했다. 아는 척하면 끝까지 '척하는 사람' 밖에 못 되지만, 모른다고 하고 배우면 진짜 '아는 사람'이 된다.

◇◇ 잘 못 알아들었을 때는 'Sorry?' 로

상대 말을 잘 못 알아들었을 때 할 수 있는 말로 'Sorry?', 'Pardon?', 'Excuse me?' 외에 'Say again?', 'What did you say?', 'I am sorry. Could you explain again?' 등이 있다. 혹은 'What you said is~' 하면서 나는 이렇게 이해했는데 맞느냐 물을 수도 있다. 또 'Are you with me?' 하면 이해하면서 듣고 있느냐, 'I am with you.' 하면 당신이 무슨 말 하는지 알겠다는 표현이다.

또 'I can't get it.' 이 있다. 아주 흔하게 하는 말로 '이해가 안 된다' 는 뜻. 수업시간에 한참 설명하고 있는데, I can't get it!나 너 말 하나도 못 알아듣겠거든!하는 말투로하면서 맥을 딱 끊는 아이들을 보면 도대체 에티켓이라는 건 어디로 실종된 건가 싶다. 나중에 살짝 "Sorry, Mrs Mallett, I didn't understand. Could you explain this bit here again, please?선생님, 잘 이해를 못했어요. 이 부분 좀 다시 설명해 주세요?" 하면 좀 좋아?

이밖에도 '너가 한 말을 잘 못 이해했다' 의 의미로 'I misunderstood what you meant.', 'I didn't understand what you meant.', 'I misunderstood you.' 라고 할 수 있다.

청국장 발음으로도
통용되는 영어

이건 순전히 나의 주관적인 생각이다. 영문과 교수도 아니고, 아동교육 전문가도 아니며 가정문제 상담소 소장은 더더욱 아닌, 그저 한 아이의 엄마에 불과한 아줌마의 주관적인 생각이라는 것이다.

가끔씩 영국에 유학을 와 있는 한국 아이들을 보게 된다. 아예 부모님 없이 혼자만 와서 기숙사에서 생활하고 가끔 주말에 생판 남인 '가디언guardian, 현지에서 아이와 관련해 책임을 지고 있는 어른' 의 집에 가서 한국 음식이나마 먹는 아이들, 아니면 엄마랑만 먼 이곳까지 와서 지내는 기러기 아빠의 자식들이다.

돈이 얼마가 드는지, 정말 사교육의 폐해가 엄청나서 오히려 외국에서 공부하는 게 싼 건지 그런 금전적인 문제는 완전히 접어 두고, 부모님과 떨어져 혹은 아빠는 한국에 떨어뜨려 두고 엄마랑만 외국에 나와 있는 그런 상황만 보자.

그러면서 배우는 영어, 그러면서 새로 접하게 되는 외국문화가 과연 가족이라는 따뜻한 울타리를 깨고 나올 만큼 가치가 있는 것일까. 물론 가끔씩 신문에 나오는 성공스토리도 있다지만, 그건 정말 신문에나 나올 만큼 드문 일이 아닌가 말이다.

어려서 영어를 배우면 발음이 좋다지. 인정한다. 나이 들어서 영어 하려면 발음에 한계가 있다는 건 다 아는 사실이니까. 그래서 발음이 좋으면 어쩔 건데…… 나이 드신 우리 아빠 말씀처럼, 입안에서 버터 굴러가는 소리가 나면 그게 얼마나 좋은 것인가 말이다. 발음으로 영어실력을 일단 판가름하고 보는 어리석은 우리나라의 미국 지향주의를 얘기해 본다.

"어머, 영국 사람 아니었어요? 나는 영국 사람인 줄 알았는데."

"아니요. 한국 사람이에요."

나를 처음 만나서 몇 마디 정도만 나눈 영국 사람들은 내가 영국에서 태어나 영국에서 자란 영국 사람인 줄 안다. 내 발음이 무슨 영국 텔레비전 아나운서처럼 좋아서 그런 것이냐. 절대 아니다. 내가 그저 그 사람들이 알아들을 수 있는 정도의 무난한 발음으로 영어를 하기 때문인 거다. 오래 얘기를 나눠 보고 나면, 영국 사람이라면 불가능한 실수인 관사도 빠트리고 단수 복수도 좀 틀리고 하니까 순 토종 영국 사람은 아닌가 보구나 나중에 알게 된다.

여기 사람들은 영어 발음 가지고 그 사람의 언어실력을 따지는 바보 같은 일은 하지 않는다. 아니 할 수가 없다. 이유는 이렇다. 영국에는 너무나 많은 인종들이 너무나 많은 나라에서 들어와 살고 있다. 인도식, 필리핀식, 이태리식, 중국식, 프랑스식, 독일식, 러시아식 등 다들 각자 나라의 억양이 묻어나는 영어를 구사한다. 발음 가지고 그 사람의 영어를 탓하다간 한도 끝도 없을 만큼 다양한 발음의 영어가 있다.

내 자식이 정말 잘나서 국제무대에서 이름을 떨치는 사람이 되었다고 하자. 그 아이가 오리지널 미국식 발음을 가진 아이가 되었다고 가정했을 때, 과연 그 아이가 일하면서 미국 사람을 만날 확률이 얼마나 될까. 세계 각국에서 온 세계 사람들 앞에서 미국식 발음으로 영어를 한다고 그걸 훌륭하다고 여길, 똑같은 국제무대에서 이름을 떨치고 있는 다른 나라 사람은 없다. 문제는 미국 영어가 아니라 의사소통의 수단인 영어라는 언어를 가지고 얼마나 자기가 하고 싶은 말을 조리 있게 잘 표현하느냐 하는 것이다.

월드컵 때 있었던 일이다. 우리나라 모 대기업에서 세계 각국의 VIP들을 초청해서 경기 관람도 시켜주고 회사 홍보도 하는 꽤 큰 규모의 행사에서 잠깐 일을 했었다. 영어권 나라뿐 아니라 크로아티아, 불가리아, 그리스, 태국, 러시아, 이란, 프랑스, 독일, 스페인 등등 정말 다양한 국가에서 사람들이 왔다. 사실 전체 인원 중에 영어권 나라에서 온 사람들은 별로 많지 않았다. 세계에서 사람들을 불러 모아 놓고 보니 영어를 쓰는 나라가 그리 많은 게 아니었다. 관광버스로 3대나 되는 인원이 여기저기 관광도 하고 경기도 구경하고 했는데, 일정 중에 전시장과 공장 견학이 있었다. 강당 같은 데 전부 앉으니 옷을 잘 차려입은 여자가 나와 영어로 회사소개를 하기 시작했는데.

척 들어도 한국어보다는 미국어가 편할 거 같은 미국식 영어가 흘러 나왔다. 원래 발음이 잘 굴러가는 거야 미국에서 살다 와서 어쩔 수 없다 치고, 빨리 안 읽어 내리면 유창한 발음이 덜 유창하게 들릴 걸 염려라도 하는 듯 너무도 빨리 읽는 거였다. 거기에 앉아 있는 대부분의 사람들에게 영어는 모국어가 아닌 제2외국어였다. 처음에는 좀 들으려 하다 나중에는 그냥 앞에서 나오는 비디오 화면만 응시하고 있다는 걸 한눈에 봐도 알 수 있었다. 거기에 앉아 있던 VIP들이 과연 그 여자가 훌륭한 미국식 발음으로 회사 소개를 했다고 해서, '나는 비록 못 알아들었지만, 그 여자 참 미국 영어 잘하네' 했을까? 아니다. 중요한 건 미국식 발음이 아니라 듣는 상대방을 인식하고 말을 해야 하는 배려였던 것이다.

같이 통역대학원에 들어가기 위해 공부한 사람이 있다. 순전히 한국에서 영어를 공부한 사람이니까 버터 굴러가는 소리를 기대한다는 건 무리고, 마가린 정도는 녹는 소리가 나야 되는데, 정말 입안에서 된장도 아닌 진한 청국장 풀어지는 소리가 났다. 암만 영어를 잘해도 저 발음 가지고 대학원에 붙을 수 있을까 의심이 갈 정도였다. 정말 열심히 공부했고, 시험에 붙었다. 결국 통역대학원에서조차 발음은 가장 중요한 요소로 여기지 않는다는 얘기다. 누구나 이해할 수 있는 정도의 발음으로 자기 의사를 정확하게 표현하는 능력이 언어 능력이라는 것이다.

한국에서 일하면서 가끔 있었던 일이다. 매니저랑 회의에 같이 들어간다. 한국분이 말씀을 하신다. 한국어를 모르는 매니저 입장에서 보면 아주 중요한 얘기를 하나보다 싶게 근엄한 얼굴을 하고 아주 긴 얘기를 한다.

1분 경과.

'무슨 소리를 하려는 거지? 좀 더 들어보자.'

2분 경과.

'지금 그 얘기를 하려는 건가? 매니저가 통역을 해달라는 눈빛을 보내는데 빨리 용건을 좀 얘기해 달라고.'

3분째.

'지금 또 딴 얘기로 주제가 바뀐 거잖아?'

비단 이것이 한국어를 하는 한국 사람만의 문제이겠는가. 영국 사람들 중에도 자기의 생각을 조리있게 말하지 못하는 사람들이 있을 것이다그래도 발음은 아마 우리가 듣기에 끝내주게 좋겠지!. 그동안 언어와 관련된 일을 하고 있는 수많은 사람들이 말했듯, 국어를 잘해야 영어도 잘할 수 있다는 단순한 진리는 결코 틀린 말이 아닐 것이다. BBC 뉴스에 나와 앵커와 인터뷰를 하는 세계 유명 인사들을 보면 절대 원어민 발음이 아니다.

물론 나이 들어 영어를 공부하려면, 사방에서 영어가 아닌 한국어가 나오는 곳에서 영어 공부하려면, 훨씬 더 노력을 많이 해야 한다는 거 안다. 귀가 아프도록 이어폰을 끼고 영어를 들어야 하고 목이 아프도록 읽는 연습도 해야 하며 눈이 시리도록 읽어야 한다는 거, 경험해 보았기 때문에 누구보다 잘 안다. 하지만 그게 소중한 가족이라는 울타리에서 엄마 아빠와 함께 밥 먹고 잠자고 하는 걸 다 버릴 만큼 중요한 일일까. 가정은 그 어떤 이유로도 찢어지고 무너지면 안 되는 것 아닐까. 세상에 그 어떤 것도 가정을 희생할 만큼 중요한 일은 없지 않은가.

영국으로 막 유학을 온 중학교 1학년 아이를 본 적이 있다. 도대체 저 아이가 무슨 얘기를 하려고 하는 걸까 한참을 들어야 했을 정도로 한국어로도 자기 생각을 조리 있게 표현하지 못하던 그 아이. 그 아이가 과연 영국에서 본토 발음으로 영어를 공부해서 한국어가 아닌 영어로 말을 한다면 그때는 조리 있는 의사표현을 할 수 있을까?

가디언 집에서 데리러 올 시간에 맞춰 학교 앞에서 시무룩하게 기다리고 있던 어린 한국 아이를 보며 나의 주특기인 엉뚱한 생각을 한번 해봤다.

◇◇ 부모를 대신하는 '가디언'

　가디언guardian은 아이의 부모는 아니지만 아이를 책임지고 있는 사람을 말한다. 한국에서 유학 온 학생들의 가디언을 해주는 사람들은 얼마간의 돈을 받고 아이를 전적으로 책임지는 일을 한다. 학부모 면담이 있을 때는 선생과 만나 면담을 하고, 사인을 해야 하는 레터가 있을 때는 사인을 하는 식의 보호자 역할을 하는 것이다. 영국 아이들 중에도 부모와 함께 살 수 없는 상황에 있는 아이들 역시 가디언이 있고 하는 역할은 똑같다.

　영국은 어린아이들을 혼자 두면 절대 안 된다. 초등학교 5학년까지는 어른이 반드시 아이를 학교에 데려다주고 데리러와야 한다그래서 나는 유원이를 픽업하고 내가 직장에 있는 동안 돌봐주는 '아줌마(childminder)'가 있다. 보통 14세 미만인 아이들을 집에 혼자 두면 영국법에 저촉된다고 많이들 알고 있는데, 법에 저촉되는 건 아니다. 단, 사고가 생겼을 경우 부모의 책임을 묻게 된다.

　또한 내가 학교에 있으면서 교육을 받는 것 중 하나가 아이들이 집에서 학대를 받는 건 아닌지, 그런 부분을 선생으로서 어떻게 감지할 수 있는지에 관한 것이었는데, 단순히 아이를 때리는 것뿐 아니라 아이를 제대로 돌보지 않는 무관심ignore도 학대의 일부라고 여긴다.

영어보다 더 중요한 많은 것들

"사람은 그렇게 살면 안 돼. 집 값 갚는다고 그때까지 아무것도 안 하고 살면, 그렇게 보내버린 시간은 절대 다시 돌아오지 않아."

천호동 촌년한테 빚이라는 건 절대 있을 수 없는, 있다면 죽을힘을 다해 빨리 갚아야 하는 존재였다. 모기지로 집을 장만해서 몇 십 년에 걸쳐 집값을 갚는 게 전혀 이상하지 않은 나라에 온 한국 아줌마는 '억억' 소리가 나는 남의 돈에 이자를 얹어 내주는 일은 하루라도 빨리 끝을 내야 하는 짐이었다.

"아주 오래전이었어. 단체로 이집트 여행을 갔었지. 너무나 웅장한 피라미드 앞에서 숨이 막혔어. 피라미드 내부로 들어가려고 했었는데, 입구가 굉장히 좁고 좀 위험하더라고. 같이 단체여행에 끼어 있던 노인분들은 괜히 무리하다 다치기나 하는 건 아닌지 싶어 포기하더라고. 여행 왔다가 몸 다치면 금방 회복되지도 않는 나이인데 어쩌겠어. 좁은 입구를 지나 피라미드 내부에 들어갔어. 그 옛날, 이런 걸 만들어 내다니…… 나이 드신 분들은 먼 길을 와서 이걸 못보고 그냥 가는구나 생각이 제일 먼저 들더라고.

그때 깨달았지. 사람은 미래를 계획하며 사는 것 못지않게 현재에 충실하며 사는 것도 중요하구나. 집 값 갚는 거, 당연히 중요하지. 그거 몇 년 앞당겨 갚으면 얼마나 행복할 거 같아? 유원이는 기다려주지 않아. 우리가 유원이와 행복한 추억을 만들며 보낼 수 있는 시간은 길지 않다고."

필이 피라미드 코앞에서 내부 구경하기를 포기한 노인분들을 얘기할 때, 꼬부랑 할머니가 된 내 모습이 겹쳐졌다.

"공부도 그래. 당연히 학생이니까 공부를 열심히 해야지. 근데 그야말로 '공부만' 죽어라 하면 어떻게 되는 건데. 아니 정말 지금까지 한 일은 공부밖에 없는데 죽기라도 하면. 유원이가 갑자기 죽는다고 생각해봐. 물론 그럴 일 없지만, 그런 끔찍한 일을 겪는 부모들이 세상에는 있다구. 허구한 날 학원만 다니며 공부만 한 유원이가 우리 곁을 떠난다면 얼마나 슬프겠어? 공부를 하지 말라는 말이 아니야. 내일 죽더라도 후회하지 않을 삶을 살아야 한다는 거지. 공부도 할 만큼 하고, 부모랑 놀러도 가고, 친구들이랑 뛰어놀기도 하고, 잠도 잘 만큼 자고, 운동을 좋아하면 신나게 운동도 하고, 음악을 좋아하면 음악도 듣고. 학교 성적 때문에 뭘 하는 게 아니라 자기가 좋아서 하는 거."

맞는 말이다. 우리는 40대 가장이 건강이 상하도록 일하다가 세상을 떠나면 그렇게 몸 바쳐 일하는 게 무슨 의미가 있냐고 얘기하지만, 정작 공부만 죽어라 하고 있는 우리나라 학생들의 삶은 아무도 생각해주지 않고 있다.

세상에 울음을 터뜨리고 나오기 시작하자마자 겪는 영어 스트레스. 그게 정말 그렇게 중요한 건가.

물론 나는 영국에 살고 있고, 게다가 영어로 수학을 가르치고 있는 입장이

다 보니, 누구한테 '영어가 그리 중요합니까?' 라고 말하면 솔직한 얘기로 '잘
난 척의 극치'를 달리게 된다는 거 안다.

그래도 나는 꼭 말하고 싶다. 세상에는 영어를 쓰지 않아도 되는 수많은 직
업이 있다. 소설가가 되고 싶은 아이는 영어 공부할 시간에 자기가 좋아하는
글쓰기를 하는 게 더 현명하고 행복한 일이며, 미술공부를 하고 싶은 아이는
영어 학원에 내야 하는 돈으로 좋은 붓과 물감을 사는 일이 더 행복한 일이다.
수학을 잘하는 아이는 영어 공부를 할 시간에 수학공부를 하면 국가에 이바지
하는 거고, 운동을 잘하는 아이는 영어 공부할 시간에 운동을 하면 자신이 꿈
꾸는 일을 더 일찍 이룰 수 있을지 모른다.

왜 온 나라가 너도 나도 영어 공부만 해야 하는가. 언어에 재능이 있는 사
람도 있지만, 없는 사람도 있다. 언어에 재능이 없는 사람은 영어에 막대한 돈
과 시간을 투자하며 괴로워하기보다 자신이 좋아하고 또 성취할 수 있는 일을
하면 되는 거다. 영어가 필요한 순간이 되면 영어에 재능이 있어서 영어공부
를 했고, 그래서 영어를 잘하는 사람을 쓰면 되는 거 아닌가.

직업상 박람회 같은 걸 가끔 가게 되는 필.

"오늘 간 박람회에 한국 회사들이 꽤 왔더라."

"I saw lots of Korean companies today."

"그래?"

"Did you?"

"한국이 원래 첨단 기계 같은 거 개발 잘하잖아. 꽤 많더라구. 근데 정말 안
타까웠던 게 뭔지 알아?"

“Korea is good at developing high-tech equipment. But, I felt so sad……."

“왜, 또 영어가 문제였어?”

“What? Is this the English problem again?”

“내가 그런 곳에 갈 때마다 안타까운 게 말이야, 아니 그렇게 좋은 장비를 개발해서 박람회에 왔으면 그 장비에 대해 잘 설명할 수 있는 통역을 좀 데리고 와야지, 그거 몇 푼 아끼겠다고 이 먼 길을 그냥 오냐고. 내가 궁금한 게 있어서 질문을 했는데 대답을 하나도 못하더라고. 내가 주문할 수도 있는 장비였는데.”

“한두 번 겪었어? 한국에서 일할 때도 그랬잖아. 통번역하는 사람들 인력이 너무 부족해서 일 제대로 진행 안 됐던 거. 통번역 비용 아낀다고 하면서 보이지 않게 본 손해가 얼마겠어.”

첨단 장비를 개발하는 사람이 연구에 쏟을 시간에 잘 안 되는 영어공부를 하느니 온전히 개발에만 열정을 쏟고, 영어를 잘 하는 사람은 영어에 열정을 쏟아야 순리 아닐까. 첨단 장비를 개발하는 사람한테 영어까지 하라니. 영어도 잘하고 본인의 실무까지 잘하는 최고의 인력이 되는 게 모든 사람들의 꿈이겠지만, 정말 모든 인간이 그렇게 완벽할 수는 없지 않은가.

나는 정말 궁금하다. 영어 공부 산업이 몇 조 원에 육박하고, 아이를 둔 부모들의 영어 스트레스가 엄청나다는 한국의 10년 후 모습이. 정말 몇 조 원이 투자된 지금의 아이들이 전부 유창한 영어를 하면서, ‘아이고, 몇 조 원 들여서 영어 공부 안 했으면 큰일 날 뻔했네’ 할런지. 화가도 영어를 잘하고, 수학자도 영어를 잘하고, 아름다운 시를 쓰는 시인도 영어를 잘하면 얼마나 살기 좋은 세상이 되는지. 유원이처럼 집에서 놀지도 못하고, 엄청난 숙제에 학원에서 어린 시절을 보낸 아이들이 어떤 모습으로 자라나 얼마큼 능력 있으면서 행복한 어른이 될지.

10년을 더 살아봐야 되는 일이니 그건 기다리기로 하고, 나는 그저 이런 마음으로 살련다. 유원이가 내일 내 곁을 떠난다 하더라도 후회 없는 삶을 살겠다. 놀기도 열심히, 안아주기도 열심히, 유원이가 좋아하는 카드 만들기 클럽도 열심히, 2주 일에 한 번씩 학교에서 내주는 숙제도 열심히!

'책 읽기 싫으니? 재미가 없어서 그렇다면 엄마는 기다리겠다. 나도 옛날에는 선생님이 글짓기 숙제 내주는 거 무지하게 싫어했다. 사람은 변한다. 장난감 가지고 노는 게 더 재밌으면 그렇게 놀아라. 엄마는 유원이가 장난감 가지고 놀면서 속닥속닥 뭐라 하는 게 책 읽는 소리만큼 듣기 좋다. 그렇게 하루하루 후회 없이 살자구나.'

물론 나도 한국에 살고 있다면 이런 말을 함부로 할 수 없다는 거 안다. 세상의 모든 엄마들이 한 발 물러서 조금은 여유롭게, 성공이 아닌 행복을 추구하는 삶을 꿈꾼다면 세상이 천천히 변할 수 있지 않을까.

◇◇ '드라마' 수업 인기 최고

영국에는 정규 수업 과목으로 드라마drama가 있다. 어쩌다 학교 행사 때문에 수학 수업이 빠지게 되면 아이들이 환호성을 지르지만, 드라마drama 수업이 빠지게 되면 '뭐야, 드라마 수업 빠지는 거잖아?' 하면서 실망감을 표현할 정도로 이 수업을 좋아한다. 이 수업에서는 뮤지컬, 연극도 배우고 몸으로 자신을 표현하는 여러 가지를 배운다. 물론 이론도 있다. 내가 학교 다닐 때 이런 과목을 공부해야 했다면 차라리 수학 수업을 두 번 듣겠다 할 정도로 창피할 거 같은데 여기 아이들은 그렇지 않다. 아이들에게 자신감을 키워주기 위한 곳으로 우리나라에 웅변학원이 있다면 여기는 드라마 스쿨drama school이 있다. 학부모 면담할 때 "에이미한테 자신감을 키워주고 싶어서 드라마 스쿨을 보냈는데, 아이가 참 많이 달라졌어요" 하는 얘기를 들었다.

요즘 영국 아이들 가운데 연예인을 꿈꾸는 아이들이 많다. 무대에서 성공하고 싶은 꿈을 꾸는 아이들을 우리학교에서도 꽤 많이 봤다. 드라마drama 과목을 12, 13학년 때 선택해서 대학을 가려고 하는 아이들도 당연히 있고. 우리나라 아이들이 연예인이 되고 싶어하는 만큼 영국도 그런 아이들이 꽤 많다. 또 많은 아이들에게 인기 있는 장래희망 직업으로는 '축구 선수'가 있다. 잘만 하면 워낙 돈을 잘 버는 직업이라 '축구 선수 부인'이 되는 게 꿈이라고 우스개 소리를 하는 여학생들도 있다.

ST. JAMES'S PARK
BUCKINGHAM PALACE
BUS STOP
TATE MODERN

2장 유원아, 너는 영어 잘해서 참 좋겠다

여행을 갔을 때였다. 원래 단체관광버스 여행은 잘 안 가는 편인데 어쩌다 타게 된 관광버스는, 신발 한 켤레 가지고 떨어질 때까지 신었다가 도저히 안 되겠으면 새 신을 사는 아줌마한테는 그저 희끄무레한 돌 부스러기에 지나지 않는 '다이아몬드 세공가게'에 우리를 떨어뜨렸다.

말끔하게 차려입은 사람이 나와 다이아몬드를 어떻게 세공하는지 실제로 보여주며 설명을 하기 시작했다. 모두들 관심 없는 듯 딴짓을 하고 있는데, 유독 지대한 관심을 보이며 말끔하게 차려입은 사람의 설명을 '열심' 수준을 넘어 '정열'을 바쳐 듣는 사람이 있었으니, 그는 바로 유원이.

보잘것없어 보이는 돌멩이가 광채 나는 다이아몬드로 거듭나는 걸 보면서 유원이는 마냥 신기해했다. 아래층으로 내려가면 다이아몬드 제품을 살 수 있다는 영어 설명이 떨어지자마자 유원이는 바짝 내게 다가와 말했다.

"엄마, 저거 하나 사자."

새우깡 한 봉지 사자는 듯 아무렇지도 않게 말하는 유원이. 특히나 이런 말을 할 때는 어찌나 상황파악을 잘 하시는지 아무도 못 알아듣게 한국말을 하는 기특한 놈. 엄청난 가격을 듣고 상처 받을 아들놈이 안쓰러워 나는 한국말로 이렇게 대꾸했다.

"응. 가서 일단 보구."

열쇠고리 정도나 파는 기념품 가게로 유원이의 관심을 돌리려했지만, 새우깡 한 봉지 사겠다는 아들놈의 일념은 꺾을 수 없었다.

다이아반지에 관심을 보이는 아들놈을 앞세우고 나타난 일가족을 놓치면 언제 장사를 할쏘냐, 어느새 우리 앞에 나타난 판매원은 유원이에게 말을 걸었다.

"야, 엄마 다이아반지 골라주려고 그러는구나. 어떤 게 좋을까. 엄마를 위해 한번 골라보렴."

사지도 않을 거면서 판매원을 귀찮게 하는 거 같아 그 자리를 피하고 싶었지만 새우깡 한 알을 엄마 손가락에 끼워주고픈 아들의 바람을 무시할 수도 없는 일. 희끄무레한 돌 부스러기들이 내 손가락에서 몇 번 빛났다. 이젠 어쩔 수 없는 일이었다. 유원이도 현실 세상을 배워야 될 때가 왔으니. 효자 아들놈을 옆에 세워두고 나는 가격을 물었다.

"세일하고, 텍스tax 제하고 3256파운드6백만 원 상당네요."

다이아가 어떤 돌인지는 몰라도, 짠순이 어미 덕에 그 돈이 얼마나 큰 액수인지만은 확실히 알고 있는 유원이. 슬금슬금 뒷걸음질 치며 꽁무니를 빼던 천진한 모습이 아직도 잊혀지지 않는다. 매너도 좋으신 유원이는 아무도 못 알아듣게 다시 한국어로 물었다.

"엄마, 뭐가 그렇게 비싸?"

"얼마 정도 할 줄 알았는데?"

"2파운드3천 5백원 정도."

"2파운드하면 엄마 사주려고 했어?"

"응."

"그래도 유원이 덕에 엄마가 예쁜 반지 껴봐서 엄마는 좋은데?"

필요에 따라 한국어도 했다 영어도 했다 하면서 나를 행복하게 해주는 유원이. 이제는 나를 위한 원어민 영어교사가 되어 끊임없이 내 영어에 트집을 잡으며 잔소리를 늘어놓는 꼬마 선생님이 되었다.

영국과 한국에서 통용되는 '유원' 이름 짓기

딸, 아들 미리 알려주는 게 불법인 나라가 한국 말고 또 있을까. 참 서글픈 사실이다. 뭐든 느리고, 오로지 기다림의 연속인 영국 생활에 질릴 데로 질린 나로서는 물어보면 가르쳐 준다는데 굳이 9달을 참고 기다릴 이유가 없었다.

병원에서 아들이라고 했기 때문에 아들 이름을 갖고 고민하기 시작했다. 우리나라 이름이야 무한한 창의력을 발휘하여 두 자 조합하고, 그게 좀 어려우면 한창 인기인 드라마 주인공들 이름도 좀 참고하고, 그럴싸하게 한자 뜻 갖다 붙이고, 발음도 좋으면 얼마든지 지을 수 있는 게 이름이건만, 영국은 있는 이름에서 고르는 거였다. 그러니 죄다 존이고, 톰이고 데이빗이고 그렇지. 오죽하면 존이라고 써 있는 양말을 팔고, 톰이라고 써 있는 수첩이 있고, 데이빗이라고 방문 앞에 걸어 놓는 푯말을 다 팔겠는가. 필 핸드폰에 입력되어 있는 사람들을 보면 같은 이름이 하도 많아서 다 성을 붙여 놨다. 내가 아는 존만 일곱 명이다. 필이랑 얘기를 하다보면 서로 다른 존을 얘기하고 있어서,

"지금 무슨 존 말하는 거야? 그 존 얘기하는 거 아니었어?" 그런다.

한국 식구들이 F 발음 나는 Phil 이름을 필pill 먹는 약, 학교에 있는 아이들한테 내 남편 이름은 한국에서 '약'이라고 하면 무지하게들 웃는다하면서 부르는 것도 듣기 조금 우스운데, 애기 이름을 가령 에드워드나 크리스토퍼, 리차드 이런 걸로 골라서 '아이고 우리 손주 에드워드 이뻐 주─욱겠네!' 혹은 '맘마 먹었어, 크리스토퍼?', '아이고 우리 리차드는 똥도 이쁘게 싸요' 하면 코미디가 따로 없을 거 같았다.

아, 뭘로 한다지. 결국 한국 이름, 영어 이름 두 개를 하기로 했는데 하나도 어려운 판에 두 개를 고민하는 건 더 일이었다. 그러던 중…….

"오빠가 아들 이름을 지원이로 지었다네."

"지원? 그래? 그럼 우리는 유원으로 할까?"

"나는 유원, 하니까 유원지가 생각나는구먼 뜬금없이 웬 유원?"

"영어 이름에 발음이 유원처럼 되는 게 있어. 정확히 똑같지는 않지만, 그렇게 하면 이름도 하나고, 한국 이름 같고 좋잖아?"

듣고 보니 좋은 생각이긴 한데, 왠지 자꾸 유원지가 생각나서 썩 내키질 않는다.

"근데 말이야, 유원이라는 이름, 들어본 적 없는데 정말 그런 이름이 있기나 한 거야?"

"토니 블레어 영국 총리 아들 이름도 유원이고, 유명한 배우 중에도 하나 있는데."

"배우 누구? 내가 유명한 배우면 그래도 좀 아는데, 유원이라는 배우 한 번도 들어본 적 없는 걸?"

"Which actor? I know famous actors but I've never heard of Euon유원."

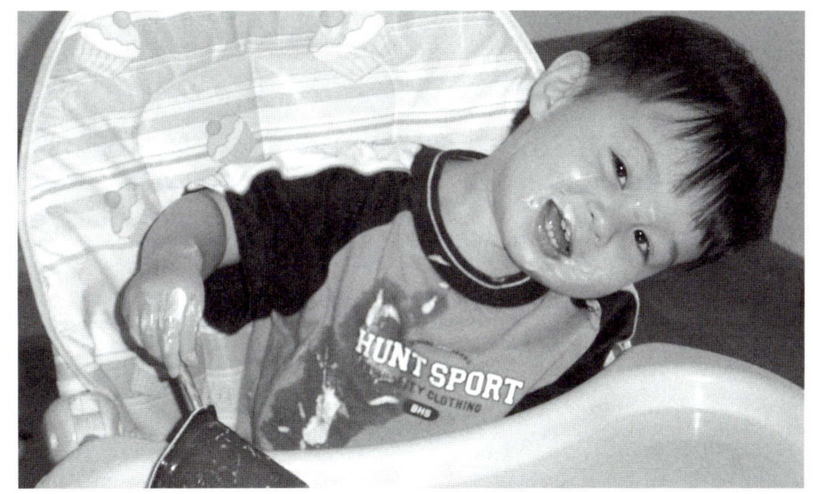

영국과 한국에서 둘 다 통용될 수 있는 이름 '유원(Euon)'. 고심 끝에 필과 나는 어느 나라에서도 이상하지 않은(?) 이름을 지었다.

"그 외 있잖아, 이상한 영화 찍은 사람인데 맞아, 트레인스포팅!"

"이완 맥그리거?"

하며 한국식으로 발음을 해주니,

"맞어 맞어, 유원 매그레거."

스펠링이 'Ewan'이라 우리나라에서는 이완으로 불리는 거 같은데 오리지널 발음이 유원에 가깝게 된다는 거다.

할까 말까. 집에다 얘기했더니만 동생이 그런다.

"왜 하필 유원이야! 나 전에 일하던 회사, 머리 빠지게 늦게까지 일하던 회사가 유원빌딩에 있었잖아!"

"그래?"

"근데 아빠는 또 그러시더라. 서울시내 한복판에 있는 고층 건물이면 상당히 비싼 건물이고, 그 건물 이름이 유원인 거 보면 건물주 이름인 거 같은데, 그 정도면 돈 많은 부자일 테니 좋은 이름 아니냐고.”

“크크크. 돈 잘 버는 이름이라, 고거 혹하네. 돈 잘 벌면 장땡이지. 하하하!”

이리 궁리 저리 궁리하는 사이 아기는 태어났고, 침대에 누워 있는 나와 갑자기 아기 아빠가 되어 어리둥절해진 필에게 간호사가 아기 이름표에 쓸 이름을 묻길래, 엉겁결에 ‘유원’이라고 말해버렸다.

산후조리 해주러 오신 엄마는 코에 잔뜩 힘을 줘서 최대한 사랑스러운 톤으로 ‘유원아’ 하신다. 자꾸 들으니 괜찮은 거 같다. 나도 따라서 ‘유원아’ 하는데, 필이 옆에서 ‘유원아’ 다음에 smack!^{찰싹 때리다}이라고 바로 붙여서 말을 하는 거다. 이건 또 뭔 소린가.

한국에서는 이름을 부를 때 ‘아’를 붙이니까 유원이는 ‘유워나’처럼 들린다. 그게 또 영어로 하면 You wanna^{You want to}로 들리니 필이 문장을 완성한답시고, smack을 붙인 거다. 굳이 유원이 눈높이로 해석을 한다면, ‘맴매한다, 맴매!’라고 해야 되나 ‘유원아’ 하면, 어느 틈엔가 ‘ice cream?’ 하고 또 ‘유원아’ 하면 ‘chocolate?’ 하면서 혼자 놀이를 한다.

‘언어가 섞이다 보니 엉뚱한 곳에서 국적불명의 조합까지 생겨나는군.’

하여간 유원이로 지은 건 잘한 거 같다. 엄마 아빠 생각해서 두 개 이름을 생각했던 건데, 그렇게 했더라면 나만 사서 고생할 일이었다. 내가 유원이랑 영어로 말할 때는 ‘크리스토퍼!’ 하고, 한국어로 말할 때는 ‘길동아!’ 할 뻔했으니. 아들 둘을 키우는 것도 아니고.

◇◇ 주의해야 할 **세컨드 네임**

영국 이름들도 다 기원성경에서 따온 이름도 많고이 있고 뜻이 있다. 지역별로 흔한 이름들도 약간씩 다르다. 내가 유원이 이름을 사람들에게 말했을 때, '스코틀랜드 이름이네?' 라고들 했다. 이름의 뜻이나 기원은 인터넷에서 찾아보면 많이 나오니 여기서는 생략하기로 하고 한 가지 재밌는 얘기를 덧붙여 본다.

영국 사람들은 대부분 세컨드 네임second name을 가지고 있다. 학생들 이름을 예를 들어 보면, Charlotte Jennifer Thompson 이런 식인데 보통은 첫 번째 이름 Charlotte으로 불리지만 아주 가끔 두 번째 이름인 Jennifer가 더 좋아서 Jennifer로 불리기를 원하는 사람들이 있다. 아무튼 이런 식으로 중간이름을 하나씩 갖고 있어서 은행 같은 데서 오는 우편물의 공식이름은 Mrs C J Thompson으로 적혀져 온다. 이렇게 약자를 쓰다 보니 이름을 정하면서 고려하는 게 있다는데, 가령 이름이 David Daniel Thompson이라면 약자가 DDT살충제가 되기 때문에 피한다고 한다. 우리나라도 이름 지을 때, 성이 '임' 씨면 이름으로 '신중' 은 피한다거나, '지' 씨 이름으로 '하철' 같은 건 안 하듯이 말이다.

:: 아이들과 이야기 하다 보면 발음을 주저하게 되는 이름들. 그나마 원음에 가깝게 써보면 이렇다.

• Leonardo Dicaprio레오나르도 디카프리오: 리오나도 디캐프리오

• Emma Thompson엠마 톰슨 : 에마 톰슨Emma라는 이름은 '에마' 로 발음한다.

- Gwyneth Paltrow기네스 펠트로 : 귀네스 펄트로

- Madonna마돈나 : 마도나

- Barack Obama버락 오바마 : 배럭 오바마

- The Matrix매트릭스영화 : 매이트릭스

쉬운 영어가 더 어렵다

매들린 올브라이트 국무장관과 빌 클린턴 대통령은 북한 핵문제를 논의하기 위해 오늘 백악관에서…….

정부 당국은 에이즈 환자의 사후 관리를 철저히 한다는 차원에서 지난달 10일 관련규정을 강화하고…….

김대중 대통령이 펼치고 있는 햇볕정책의 일환으로 정부는 다음 달 북한에…….

지난달 G7 정상회담의 주요 쟁점은 지구온난화였다. 온실가스 배출을 줄이기 위해 각국은…….

이런 문장들이 내가 눈뜨고 있는 대부분의 시간 동안 공부했던 영어다. 잡지는 주로 타임지, 이코노미스트지를 봤고, 듣기 공부는 CNN뉴스나 미국의 시사프로그램을 가지고 했다. 시험대비 공부를 하던 당시에는 웬만한 국제, 사회 이슈들을 줄줄이 꾀고 있었다. 동전을 넣으면 커피가 나오는 자판기처럼 영어 동전이 들어가면 한국 커피, 한국 동전이 들어가면 영어 커피가 나오도록 훈련을 해야 했기 때문이다. 뉴스나 신문에서 접할 수 있는 고급 어휘들로 무장을 하는 것이, 나처럼 어린 시절을 외국에서 보낸 적이 없는, 소위 국내파 수험생들이 하는 시험대비 공부였다. 요즘은 달라졌을지 모르겠지만, 당시는 그렇게 열심히 해서 국내파 학생들이 해외파 어린 시절을 외국에서 보내 영어가 한국어만큼 편한 사람들을 그렇게 불렀다 학생들을 물리치기도 하면서 통역대학원에 들어갔다.

내가 여기서 말하는 통역대학원 공부는 일반인들에게는 좀 극단적인 면이 있지만, 사실 강도만 약하다 뿐이지 한국 사람인 우리는 대부분 이런 영어 공부를 한다. 영어 뉴스가 들리면 기쁘고 타임지 같은 잡지를 줄줄 읽을 수 있으면 인생이 조금은 보람차게 느껴지고.

그렇게 '고급' 단어로 무장했던 내가 제일 안 되는 영어가 바로 고급과 반대되는 '저급' 영어였다. 매들린 올브라이트 미국무장관이 클린턴 대통령과 북한 관련 문제로 조찬 회의를 한다는 건 영어표현으로 되는데, 매들린 올브라이트 장관의 손녀가 있는지는 모르겠지만 벽에 낙서를 해서 할머니한테 혼이 났고, 그래서 걸레로 열심히 지웠다, 뭐 이런 일상적인 영어는 입에서 쉽게 나오질 않는다는 거다.

영국에 온 지 얼마 되지 않아 친구 집에 놀러갔을 때다.

그 집 아들이 2살 정도 되었던 것 같다. 거실에 있던 라디에이터에 파란색 색연필로 낙서가 되어 있었다. 엄마는 아들에게 이거 누가 그랬냐고, 낙서한 사람이 지우라고 하면서 걸레 wet clothes 를 가져다주었다.

두 살짜리 아들을 보면서 나는 속으로 저 아이가 낙서를 remove 제거하다 해야겠네, 어려운 단어만이 익숙한 내 머리에서는 그 단어가 제일 먼저 떠올랐다. 엄마가 시킨 거니까 일단 열심히 하는지 지켜보다가 "I will help you to remove it^{아줌마가 지우는 거 도와줄게}"하면서 도와줘야지, 했다. 그런데 정작 2살 박이 그 아들은 이렇게 말하며 열심히 라디에이터를 문지르는 것이었다.

"I can't get it off!"^{안 지워지잖아!}

그렇지. 우리나라 아이들이라도 저 순간에, '제거가 안 돼' 라고는 절대 말하지 않겠지. get off를 쓰면 되는 것을. 저런 자연스런 영어를 해야 되는데 어려운 단어만 수백 개 알고 있으면 뭐하누.

유원이에게 한국어를 영어보다 먼저 가르치기 시작하면서 왠지 필 식구들 특히 필 엄마이 소외되는 거 같기도 하고 또 나만 억울한 일이 많아지자, 에라 모르겠다, 영어도 같이 해보는 거지 뭐, 하면서 영어도 섞기 시작했다. 내가 부자연스런 영어를 가르치게 되더라도 나중에는 학교에 다니면서 수정이 되겠지 하는 기대가 있었기 때문이다.

유원이가 꽤 어렸을 때, 필 엄마가 놀러 오셨을 때다.

"유원이는 아이답지 않게 참 고급스런 단어를 쓰네. 기특도 하지. 어떻게 저런 말을 벌써 할 줄 알까."

"The words Euon uses are quite advanced. He is amazing. How does he know those kinds of words already?"

필 엄마의 말을 듣고 난 상황이 어떻게 된 건지 바로 알아차릴 수 있었다.

유원이가 뭔가를 감추면서 필 엄마에게

"It's disappeared!"

라고 내가 주로 썼던 영어를 했다. "와, 사라졌네!" 라고.

그러나 그 나이 또래의 아이라면

“It's gone!”

이라는, “없다!”가 가장 적절하면서 자연스러운 표현이었던 것이다. 쉽지만 어려운 영어. 다음과 같은 표현들이 가장 많이 쓰는 것들인데도 처음엔 쉽게 말이 나오지 않았다.

“유원아, 식탁에 바짝 앉아.”

“Euon, sit closer to the table.”

“유원아, 이거 도로 갖다 놔.”

“Euon, put it back over there.”

“유원아, 얼른 저거 이리 가지고 와봐.”

“Euon, bring it over here now.”

“빨리 신발 신어. 그래야 나가지.”

“We need to go now. Put your shoes on please.”

일상적인 대화를 뉴스에 나오는 말처럼 하는 사람이 있다면 재수가 없거나, 심하게 말하면 ‘정신이 좀 어떻게 된 거 아니야?’ 싶게 보이지 않겠는가. 그런 영어를 내가 공부했다. 그리고 대부분의 한국 사람들, 특히 입시를 준비하는 학생들, 취업을 준비하는 사람들이 그런 영어를 공부하고 있다. 그렇게 어려운 영어에 단련이 되어 있다 보니 쉬운 영어를 못하고, 어려운 영어는 또 어려워서 못하는 거 아닐까. 누가 말해주면 ‘맞아, 그렇게 하면 되는데’ 싶지만 내가 하려고 하면 입에서 나오지 않는 말들, 그게 참 어렵다는 걸 순간순간 느낀다.

물론 영어가 모국어가 아닌 이상, ‘자연스럽지 못하면 어떠냐, 완벽하지 못하면 어떠냐, 의미가 통하면 되는 게지’가 나의 기본적인 생각이긴 하다. 결국제2외국어라는 게 의사소통을 할 수 있으면 되는 거지 남의 나라 말을 내 나라 말처럼 반드시 해야 되는 건 아니니까. 그래서 나는 내 영어가 2살박이 아이에게 '낙서를 제거해라' 라고 말하는 영어라고 해도 그냥 말했다. 그러면서 배웠다.

◇◇ 중요한 **전치사 off**

한국인들이 어려워하는 영어 가운데 대표적인 것은 '전치사' 부분. 특히 off는 일상에서 많이 사용하는 전치사임에도 입에서 나오기가 쉽지 않다. off는 '뭔가 끊는 것, 떼는 것' 등의 의미로 많이 쓰인다. 다음은 많이 사용하는 표현들이다.

- I will let you <u>off</u> this time.

  이번 한 번만 봐주겠어.

- Get <u>off</u>!

  저리가!

- I can't take my eyes <u>off</u> you.

  너무 예뻐서 눈을 뗄 수가 없어.

- The milk is <u>off</u>.

  우유가 상했다.

- Turn the light <u>off</u>.

  불을 꺼라불인지 상황으로 알 수 있을 때는 'turn it off' 라고 하는데 'turn off it' 이라고는 못한다.

- <u>Off</u> we go.

  이제 가자.

- I will tell you <u>off</u>.

  너 그러면 혼난다.

- Euon doesn't like to be told <u>off</u>.

  수동으로 써서유원이는 혼나는 걸 싫어한다.

practise는 동사? 혹은 명사?

"진짜 웃기지 않아? 한국 사람에다, 영어도 아닌 수학을 가르치는 사람이, 영국선생들이 쓴 학생보고서를 보면서 문법적 오류와 잘못된 스펠링을 찾아 낸다는 게. 아무튼 당신 마누라는 대단한 사람이라니까. 그거 확실히 알고 있는 거지? 호호호."

영국에서는 1년에 한 번씩 학생보고서를 쓴다. 우리로 치면 통지표 같은 거다. 내가 가르치는 학년만 해도 7학년부터 13학년, 이 많은 학생들의 보고서를 한꺼번에 쓴다는 건 일의 양으로 따졌을 때 불가능한 일이다. 그렇기 때문에 이 보고서는 우리나라처럼 학년말에 나가지 않고, 학년에 따라 다른 달에 나가게 된다. 각 과목 선생들은 과목별로 학생에 대한 멘트를 쓰고, 각 과목의 멘트가 전부 합해진 보고서는 담임선생님한테 가게 되는데, 담임은 보고서를 다 읽고 학생에 대한 전반적인 멘트를 써야 한다. 이때 담임이 해야 하는 일 중 하나가 잘못된 스펠링이나 문법적 오류를 찾는 일이다. 그리고 노력점수와 멘트가 일치하는지, 예를 들면 줄이 헷갈리는 바람에 노력점수 C를 준 학생한테 수업시간에 참여도가 높고, 숙제를 아주 잘 해온다는 둥 하는 멘트를 쓰지는 않았는지 체크하는 것도 중요한 일이다. 선생들이 많은 학생들의 보고서를 쓰다보면 당연히 생길 수 있는 실수이기 때문이다.

참 신기하게도 문법부터 죽어라 배운 한국 사람으로서는 상상도 할 수 없는 영어를 영국 사람들은 헷갈려 한다. there와 their를 구별 못하고 its와 it's를 구별 못한다. 읽는 거부터 배운 게 아닌, 말하기부터 배운 모국어이기 때문이다. 뭐 얼마나 틀린 게 많겠어 하면서 건성으로 체크하기 시작한 보고서는 의외로 실수가 한 개도 없는 보고서가 없었다고 할 만큼멘트뿐 아니라 반드시 써야 할 데이터가 빠진 것도 많았다 잘못된 게 많았다. 그렇게 온 주말을 보고서 체크하는 일로 보낸 다다음 날이었다.

유원이가 학교에서 보고서를 받아왔다. 그 중에 본인이 직접 쓰는 란으로 I think I need to _______ 로 시작하는 칸이 있었다.

뭐라고 썼나 봤더니, 'I think I need to practise spelling나는 스펠링을 더 연습할 필요가 있다.' 였다. '아이고, 짜식이 신퉁방퉁하기도 하지, 어쩜 이리 해야 할 일을 잘 아누' 라고 생각할 바보 엄마는 아니다. 분명 선생님이 고르라고 한 목표들 중에서 한 개를 골라 썼을 것이다.

나중에 그걸 본 필.

"이거 말이야, 유원이가 쓴 거 너무 웃기지 않아? 사진이라도 찍어 놓자. 스펠링을 연습하겠다고 쓴 문장인데, 그 스펠링이 틀렸잖아. 진짜 웃기네."

"뭐라구요, 아저씨?"이런 한국어 느낌으로 내가 쓰는 영어는, 아주 놀랍다는 듯, 말도 안 된다는 듯, 기도 안찬다는 듯한 톤의 'Excuse me?' 다.

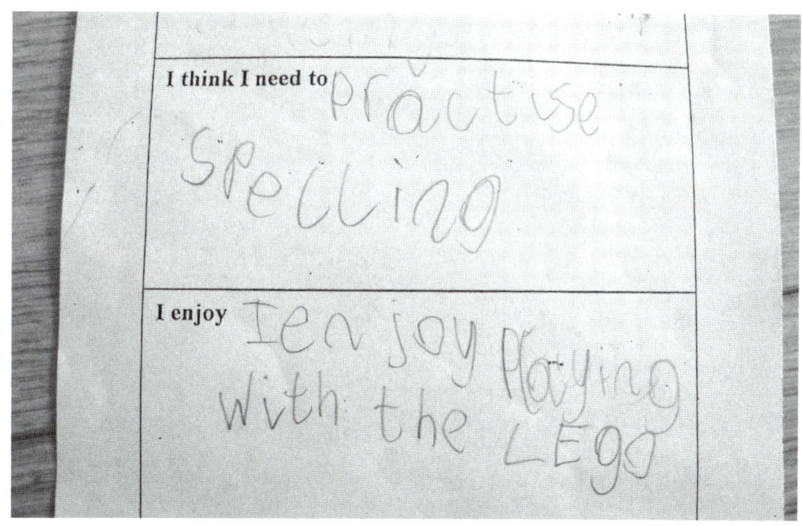

유원이가 1학년 때 받아 온 보고서. 지금 담임선생님 말씀이 '유원이 손글씨(hand writing)가 너무너무 단정하다(His handwriting is very neat.)'고 하셨는데, 저때만 해도 글씨가 이랬다. 'I think I need to practise spelling(나는 스펠링을 더 연습할 필요가 있다).'

"왜, 안 웃겨?"

"참나, 지금 아저씨가 하시고 있는 말을 녹음해 놔야겠습니다요. 너무 웃겨서."

"틀린 스펠링으로 스펠링 연습을 열심히 하겠다는 게 귀엽잖아."

"그러니까 그 말씀을 하고 계신 아저씨가, 내 귀엽다는 말은 차마 못하겠고 어이가 없으시다구요. 내가 엊그제 하루 종일 보고서 보면서 체크한 영어가 뭐였는지 아십니까? 바로 practise연습하다와 practice연습라구요. practise는 동사, practice는 명사. 유원이가 거기 쓴 거는 동사니까 practise가 맞는 거라구요!"

"저 아줌마, 또 문법 강의 시작하셨네. 명사타령, 동사타령."

"1학년짜리 아들만도 못하십니다. 근데 내가 이 말하면서 정말 웃긴 건요, 아저씨가 분명 practise가 틀렸다고 할 거라는 걸 예상했다는 거죠. 나의 기대를 저버리지 않아 고맙습니다 그려."

며칠 후 샐리네 부부가 놀러왔다. 사람 사는 일은 다 비슷한지라 우리도 만나면 남편들 흉을 보면서 논다. 내가 한참 practise에 관해 얘기를 하는데 옆에 있던 게리마저도^{당연 예상했다} 'practice가 맞는 거 아니야?' 한다. 샐리 역시 한참 동안 게리를 훈계하더니,

"로리가 초등학교 다닐 때, 학교에서 스펠링 연습하는 종이를 받아왔는데, 글쎄 거기에 써 있는 것도 틀렸더라고. 다른 거였으면 내가 그냥 그러려니 하고 넘어갔을 텐데, 스펠링 연습하라는 종이의 스펠링이 틀린 거라서 말이지. 내가 학교에 전화했잖아. 이거 틀렸다구."

하면서 practise에 관한 전설을 얘기했다. 말하자면 숙제 제목이 '맞춤법 연습하기' 인데 '맡춤법 연습하기' 였으니 나라도 전화했겠다.

practise라는 동사. enjoy, consider, stop과 함께 뒤에 ing형이 오는 동사로 열심히 외웠던 기억이 난다. 가끔 이렇게 공부한 영어로 필을 훈계하며 사는 재미도 나쁘지 않다.

"'Practice makes perfect.' 라며? 연습 좀 하시라고" 하면서.

"근데, 거기 쓰인 practice는 명사니까 ce로 끝나는 거야. 거기다가 se쓰면 가르친 보람도 없이 선생님 맥빠진다구."

◇◇ 뒤에 to부정사, ~ing형이 오는 동사

:: 뒤에 to부정사, ~ing형이 오는 동사들은 각각 다르다. 이들의 언어 습관이 그런 걸 어쩌랴. 나 같은 사람은 외우는 수밖에.

• 뒤에 ~ing가 오는 동사들

I enjoy eating Korean food. 나는 한국 음식을 아주 좋아한다.

I need to stop eating too much food. 나는 밥을 좀 덜 먹을 필요가 있다.

I am considering learning swimming. 수영을 배워볼까 한다.

We need to go shopping this Saturday. 이번주 토요일에 장보러 가야 돼.

• 뒤에 to가 붙는 동사들

I would like to marry you. 당신이랑 결혼하고 싶다.

I want to travel around the UK. 영국 여행을 하고 싶다.

I would love to dance with you. 너랑 춤추고 싶다.

Oh, I forgot to tell you this. 참, 이거 얘기해줘야 하는데 까먹었네.

04 복수에게 복수를!

한국 사람인 내가 영어를 하면서 가장 많이 틀리는 게 단수와 복수다. 우리나라 말에서 별로 구별하지 않는 '개수의 개념'은 영어를 하다 보면 특별히 신경을 쓰지 않는 한 번번이 틀리게 되기 때문이다.

"How many threes can go into ten?"

수학 수업을 관찰하는데, 나누기의 개념을 선생님이 설명하면서 이런 문장을 말했다. 10나누기 3을 물었을 때 아이들이 대답을 잘 못하자저학년, 레벨이 낮은 반 아이들은 이런 걸 모르기도 해서 많이 놀랐다, "10안에 3이 몇 개 들어가니?"라고 질문을 했고, 아이들은 금세 "3개"라고 대답했다.

'아, 저렇게 how many threes라고 3을 복수로 썼네?

수학선생으로서 지금은 나도 자주 쓰는 문장이지만, 그때는 처음 접해보는 말이었다. 영어를 문법적으로 분석하고, 이건 나중에 써먹을 수 있는 유용한 표현이네 하면서 중요한 문장을 외우는 식으로 공부하는 게 습관이 되어버린 나는 영국살이 8년째이면서도 여전히 그렇게 영어 공부를 한다.

유원이에게 당근, 딸기, 비누 이런 단어들을 보여주며 한글 공부를 하루 2분 정도 했던 때가 있었다. 시장을 보러 갔더니, 효심도 지극하신 아들놈이 피곤한 어미를 도와주겠다며 나는 빨리 집에 가고 싶은 사람인데, 유원이 때문에 시간이 두 배로 더 들곤 했다 여기저기 쑤시고 다니기 시작했다.

"How many 당근즈 do you want?"

"How many 딸기즈 do you want?"

비닐봉지를 벌리고 서서는 나더러 몇 개 담을지 말하라는데, 내 머리는 다시 영어 분석 모드에 돌입하고 있었다.

'유원이는 한국어 단어를 영어에 섞어 쓰면서도 저렇게 당근즈, 딸기즈 하면서 복수로 쓰는구나.'

엄마가 양변기 옆에서 지키고 있지 않으면 똥이 절대 나오지 않는 건지, 아님 제 몸속에서 나온 똥이 잡아먹기라도 하는 건지 똥 시중을 들어줘야 했던 즈음의 유원이. 왜 꼭 똥은 밥 먹다가 마렵고, 어디 식당에 가서 음식이 나오면 마려운 건지. 엄마들은 내 맘 다 알 것이다. 그나마 똥을 싸며 알콩달콩 나누는 대화는 나쁘지 않았다. 물론 자기 새끼가 하는 짓은 뭐든 이쁜, 엄마 눈에만 그런 거지만.

양변기로 똥 떨어지는 소리가 두 번 났다.

"Mummy, I had two 똥즈."

"엄마, 똥 2덩어리 쌌어."

역시나 나에게는 그저 똥인데 유원이에게는 두 개라고 똥즈였다.

복수 말고 단수가 철저해서 내가 '어?' 했던 적도 있다.

거의 한국말화된 삭스socks와 슈즈shoes. 양말 파는 가게라면 삭스socks

어쩌구, 신발 파는 가게면 슈즈shoes 어쩌구 아닌가.

빨리 신발 신고 나가자고 재촉하는 필에게 유원이는 이렇게 말한다.

"Where is my other shoe?"

"내 다른 신발 어딨어?"

나에게 신발은 영어로 항상 슈즈shoes였는데, 한 짝을 가리키는 거면 그냥 '슈shoe'인거다. 살아 움직이는 생물체인 양 늘 없어지는 양말도, 그게 한 짝이기 때문에 삭스socks가 아닌 '삭sock.'

유원이가

"I've found my other sock!"

"다른 쪽 양말 찾았다!"

할 때, 한 짝은 이미 신고 다른 한 짝을 찾고 있었다는 걸 나는 문법적 분석을 통해 알게 된다.

"우리는 딸기 먹자고 그러지, 꼭 '딸기들' 먹자고 하지는 않아."

"한 개도 딸기고, 여러 개도 그냥 딸기란 말이야?"

"특별히 구별해서 말하지 않아도 그냥 상황으로 아는 거지. 딸기 먹자고 하는데, 딸기 한 개를 같이 먹자고 하는 사람이 있겠어?"

언젠가 동양과 서양의 문화 차이에 관해 봤던 텔레비전 프로가 생각이 난다. 단복수를 별로 구별하지 않는 동양과 단복수를 철저히 구별하는 서양. 그걸로 인해 달라지는 사람들의 성향.

똥도 두 개면 똥즈라고 말하는 아들놈의 어미는 30년간 말하고 살아온 한국어 때문에 똥즈라고 말하는 아들놈과 한통속인 아비되는 사람한테 단복수 문제로 자주 지적을 받는다.

이런 벌판 위에 양들이 점점이 박힌 모습을 보는 게 아주 흔한 나라 영국. 근데 왜 소(cow)는 복수로 쓰면서 양(sheep)은 안 되는 거냐고!

"말하고 나면 나도 내가 틀린 거 알거든요? 그렇게 말씀하시는 분은 문법적 이유는 모르시죠?"

하면서 가산명사네 불가산명사네 타령을 내가 시작하면, 이상한 아줌마도다 보겠다는 듯, 어떻게 나도 잘 모르는 내 나라 말을 저 여자는 알까 싶은 얼굴로 쳐다본다.

단복수 공부를 철저히 해서 복수에게 복수하고 싶지만, 유원이처럼 언어 습관으로 터득되는 것을 나처럼 책을 통해 외운다는 건 참으로 힘든 일이다. 그리고 그거 틀린다고 경찰이 잡아가는 거 아니다. 언어는 의사소통의 수단일 뿐이다. 적당히 하고 살면 되는 거다. 똥이랑 똥즈랑 달라야 얼마나 다르다고.

◇◇ **단복수가 멋대로**인 단어들

:: 말하려고 하면 헷갈리는 명사

• I need <u>a drink</u>. 뭐 좀 마셔야 겠다 'a water' 라고 안 한다는 건 알아서 'I need drink' 라고 했더니 틀리다고 구박.

• Can I have <u>a sip</u>? 한 모금만 마셔도 되냐?

• I would like <u>a slice of toast</u>. 토스트 먹을래토스트 해달라면서 'I would like a toast' 랬더니 틀리다고 구박. 나도 말하고 나면 틀린 거 안다구.

• I would like <u>two lattes</u>, please. 라떼 두 잔 주세요커피나 라떼 같은 거는 물 종류라 못 셀 거 같지만, 이럴 때는 센다. 그래서 two coffees, two cappuccinos, two lattes, two teas라고 하더라.

• There are <u>two sheep</u> in that field. 들판에 양 두 마리가 있네양 두 마리가 들판에 있어서 'two sheeps' 라고 했더니 틀리다고 구박. 그럼 소 두 마리는 어떠냐고 했더니 그건 또 'two cows' 란다. 웃겨. 자기들 멋대로야!

• Can I have <u>two fish</u>, please? 생선 두 마리 주세요fish도 fishes라고 안 한단다.

그녀는 눈부시게 아름다웠어!

냉장고에서 사다 논 야채들이 썩다가 버려지기 시작한 지 꽤 됐다. 장을 보러 가면 이번 주만큼은 제대로 먹어보겠다는 의지에 불타 이것저것 챙겨 재료들을 사지만, 막상 끼니 때가 되면 오래전 텔레비전에서 본 '라면 할아버지'가 생각나는 거다. '그 할아버지, 밥 대신 평생 라면을 드셨다는데도 무지하게 건강하셨었지.' 내 몸뚱이가 꾸물거리지 않으면 냉장고 속 야채가 절대 음식으로 변신하지 않는 마당에 물만 부으면 얼큰한 국물 속에서 나긋나긋 탱탱한 면발로 변하는 컵라면은 구원의 여신과 같은 존재일 수밖에.

사람이 다 먹자고 하는 일인데 이왕 먹을 거면 맛있는 걸 먹어야지 하면서 아무리 바빠도 열심히 요리를 하던 때가 나도 있었다. 아, 정말 옛날 얘기구나.

"제발 유원이 좀 데리고 나가봐. 도대체 뭘 할 수가 있어야지."

"Can you please take Euon out? I can't do anything."

여자보다 더 요리를 좋아하고 즐기는 일등 신랑감으로 키우리라 야무진 꿈

유원이가 받은 장난감 선물 중에 나무로 된 요리도구가 있었다. 남자아이들한테 요리도구를 장난감으로 사주는 영국! '아주 바람직하다'고 생각한다. 이때가 유원이가 만 세 살 때쯤. 하도 요리를 하겠다고 해서 장난감을 프라이팬에 넣고 열심히 저으라고 했다.

을 꾸고 있는 나지만, 튀는 기름 옆에서 뒤집개 들고 설치는 유원이는 두고 볼 수가 없었다.

"그럼 놀이터에서 30분만 놀다가 들어올게."

"We will go to the park around the corner. We will be back in half an hour."

하고 나간 부자가 들어와서 한다는 말.

"유원아, 그 여자아이 진짜 예뻤지?"

"Euon, isn't she really pretty?"

"고저스 했어."

"She was gorgeous!"

“누가 고저스 했다고?”

“Who's gorgeous?”

“응, 공원 놀이터에서 본 여자아이.”

“The girl we saw in the park.”

‘고저스라, 아니 지금 저 녀석이 고저스라고 했는가.’

고저스gorgeous는 뭐랄까, 줄리아 로버츠가 ‘프리티 우먼’에서 검은 드레스를 입고 리차드 기어 앞에 나타났을 때 정도에나 쓸 수 있는, 품위 있고 눈부시게 아름다울 때 쓰는 말. 딴에는 어디서 주워듣고 써먹어 보려고 하는 말 같았는데 쬐만한 녀석이 놀이터에서 본 여자아이가 고저스gorgeous하다니, 웃지 않을 수 없었다.

밥을 먹으면서 물었다.

“유원아, 정말 그렇게 고저스 했어?”

“Euon, was she really gorgeous?”

“응. 근데 아주 쪼끔. 진짜 쪼끔이야.”

“Just a tiny little bit, just a tiny little bit.”

내가 질투할까봐 걱정이라도 하는 듯, 유원이는 ‘아주 쪼금’이라며 금방 꼬리를 내렸다.

“유원아, 너네 엄마가 질투 나나부다. 왜 자꾸 고저스 했냐고 묻냐. 한 번 물었으면 그만이지.”

“Euon, I think your mum is jealous. Why does she keep asking?”

진짜 질투가 났던 건지, 호적에 아직 잉크도 마르지 않은 녀석이 여자아이를 보고 고저스 하다는 게 웃겨서 그랬던 건지 나는 유원이가 자러 갈 때까지 묻고 또 물었다.

"정말로 그 여자 아이가 그렇게 멋졌어?"

"Do you really think she is gorgeous?"

런던아줌마의 Tip

◇◇ '너무 좋았어'의 표현들

강아지가 너무 앙증맞고 귀여울 때도 'Oh, she's gorgeous!' 하더라. 음식이 너무 맛있었을 때, 필 엄마는 'It was beautiful! It was gorgeous!' 하셨다. delicious 정도로는 표현이 안 된단다.

학생이 대답을 잘했을 때, 숙제를 잘했을 때, 노래를 잘했을 때, 음식이 너무 좋았을 때 등 뭐든 잘했고, 무지 좋았을 때 쓰는 말로 나는 다음과 같은 표현을 즐겨 사용한다.

It was fantastic!

It was brilliant!

It was excellent!

It was great!

It was awesome! 이 문장은 미국에서는 아주 많이 쓰는데 영국에서는 거의 쓰지 않는다.

사랑에 빠진 유원이

10월이면 크리스마스 선물들이 가게에 등장하는 영국. '선생님, 이제 크리스마스 두 달 남았어요' 하는 아이들이 있는 게 이상하지 않은 걸 보면, 영국의 크리스마스는 한국의 설날에 비할 바가 아니다.

만 여섯 살밖에 안 된 아이들에게 크리스마스는 일 년 중 가장 흥분되는 날. 유원이가 학교에서 크리스마스 카드를 받아오기 시작했다. 크리스마스고 뭐고 그냥 퍼져서 쉬기만 했으면 좋겠는 내가 그런 걸 미리 챙길 엄마도 아니고, 친구들에게 최소한 답장은 보내도록 해야겠기에 유원이를 독촉했다.

"유원아, 여기 똑바로 앉아봐. 친구들이 크리스마스라고 카드를 보냈는데 유원이도 보내야지."

"Euon, sit down here. Your friends have sent you cards so you should give them one back."

작년 크리스마스 지나고 세일할 때 뭉치로 싸게 사두었던 카드들을 꺼냈다. 그러고선 유원이가 받아온 카드들을 유심히 보기 시작했는데 유독 눈에 띄는 게 있었다. 파란 봉투에 나이답지 않게 정갈하게 쓴 글씨. 유원이 이름 옆에 그린 하트!

'아니 웬 하트?'

여자아이들한테 받은 카드도 꽤 됐는데, 유독 그 카드에는 하트가 그려 있었다. 속을 열어보니

From Florence

XXXXXXXX

'뽀뽀 마크가 여덟 개씩이나?'

여기 사람들은 카드에 뽀뽀의 상징으로 알파벳 엑스X를 쓰는데, 보통은 친한 사람들끼리 남녀 구분 없이 많아야 세 개다.

내가 뭉치로 꺼내 준 카드들을 쭉 보더니 유원이는 잠자코 앉아 카드를 쓰기 시작했고 나는 내 할 일을 했다. 아직은 글씨 쓰는 게 느려서 시간이 꽤 걸렸다. 얼마나 잘 썼나 하고 살펴보기 시작했는데…….

'아, 유원이가 사랑에 빠졌다니!'

내가 뭉치로 꺼내 준 카드는 디자인이 세 가지 종류였는데, 플로렌스 Florence한테 카드를 세 장이나 쓴 것이다. 사랑에 빠진 유원이가 너무도 기특하고 사랑스러워서 칭찬을 해줬다.

"와, 플로렌스한테 세 개나 썼네? 플로렌스가 너무 좋아하겠다!"

그리고 다음 날.

“유원아, 오늘은 카드 안 받아왔어? 또 받은 거 있으면 답장 써야지.”

하니까 카드를 우수수 쏟아 놓은 유원이. 카드들을 하나하나 보고 있는데 뭔가 심상치 않은 분위기가 느껴져서 곁눈질로 보니, 유원이가 따로 카드 한 장을 가방에서 슬며시 꺼내 창가 쪽에 올려놓는 것이었다. 얼굴에는 숨기고 싶어 죽겠지만 도저히 숨겨지지 않는, 그래서 수줍으면서도 행복한 웃음이 가득했다.

“유원아, 그건 뭐야?”

하고 보니, ‘손수 만든’ 카드였다.

큼지막한 정열의 빨간 하트. 그리고 Love, Love, Love, Love로 장식.

To Euoe Ball

Merry Chrismas

From Fluffy Ball

연인끼리 보통 이름을 약간 변형해 닉네임이나 애칭으로 부른다. 그외에도 Honey, Darling, Babe, Sweetie 같은 말들이 남자가 여자 친구를 사랑스럽게 부르는 말인데, 우리 집에서는 전혀 사용되지 않고 있는 단어다. 가끔 필이 나를 Kimchi girl이라고 불러서 내가 왜 김치소녀냐고, 그러는 댁은 감자를 많이 드시니 Potato boy냐고 했던 적이 있다.

‘이젠 애칭까지?’

왜 Ball이라고 한 건지는 모르겠는데, 유원Euon을 ‘유이Euoe’라고 한 건 잘 안다. 사랑에 빠진 닭살 커플들이 쓰는 닉네임. 플로렌스Florence는 Fl로 시작되는 이름이라 플러피Fluffy라고 한 거 같다. 해석을 해보니 ‘복실복실한 공’이네. 크리스마스 스펠링에 t를 빠트리고 쓴 게 귀여웠다.

“유원아, 이 카드 진짜 멋있다. 아빠 오면 꼭 보여주자.”

필도 보더니, ‘이제 내 아들이 다 컸구나’ 싶은 생각이라도 들었는지 흐뭇한 웃음을 지었다.

운동회를 한다기에 학교에 갔다. 카메라 보고 웃으라고 했더니 유원이는 완전 무시. 플로렌스는 이렇게 활짝 웃어주었다.

크리스마스고 해서 아이들도 많이 들떠 있는데, 아이들을 좀 조용히 시켜보고자 수업시간에 유원이 얘기를 꺼냈다.

"내 아들이 사랑에 빠진 것 같애."

"I think my son is in love."

캬, 사랑 얘기 싫어하는 사람 있으면 나와 보라. 아이들은 쥐 죽은 듯이 조용해졌다.

"왜요?"

"정말요?"

"선생님 아들 몇 살이라고 그랬죠?"

“무슨 얘기예요? 빨리 해주세요.”

“너희들이 잘 듣고 유원이가 사랑에 빠진 건지 아닌 건지 판단 좀 해줘라.”

“You make a judgement…… is Euon in love or not.”

중략

“뽀뽀 마크 여덟 개면 좀 심한 거 아니니?”

“Don't you think eight kisses are too much?”

“보통 많아야 세 개예요. 저도 초등학교 때 남자아이들한테 카드 보냈지만 3개 이상은 안 썼어요. 여덟 개면 확실히 다르다고 봐야죠.”

중략

“Euoe Ball? Fluffy Ball? So sweet!”

학년을 불문하고 ‘So sweet’을 연신 외치며 내 얘기를 다 들은 아이들. 카드를 세 장이나 보냈고, 이렇게 애칭까지 쓰더라고 했을 때 아이들은 만장일치로 유원이가 사랑에 빠졌다고 판결했다.

며칠 후.

“선생님, 유원이 사랑 얘기 진전 없어요? 카드 더 받은 거 없어요?”

“Mrs Mallett, is there any update about Euon's love story?”

“있다, 있어. 진전된 거 있었지. 지난 주말에.”

“There was! Last weekend.”

“뭐요?”

“주말에 우리 반 아이들한테 쓸 카드를 내가 사지 않았겠냐. 30장이 묶어진 세트. 유원이가 자꾸 그 카드를 달라는 거야. 친구들한테 쓴다고. 다른 카드도 많은데 꼭 그걸 써야겠냐고 했더니 굳이 그러고 싶다고 하지 않겠냐. 그래서 뭐 한 서너 장 주었지. 나중에 보니까 그 서너 장 중에 플로렌스가 또 있지 뭐겠냐.”

아이들은 사랑 영화를 한 편 본 듯 또 탄성을 질렀다.

내 수업시간에 항상 들어오는 보조교사와 아이들이 문제를 푸는 동안 얘기를 나누었다. 고등학교에 다니는 아이들이 있다고 한다.

“우리 아들도 옛날에 그런 적이 있죠.”

“유원이가 커서도 지금처럼 저랑 같이 여자 친구 얘기를 할 수 있는 아들로 컸으면 좋겠는데, 어떨지 모르겠어요. 너무 큰 바람이겠죠?”

“왜요. 우리 아들도 자기 여자 친구 얘기하는데.”

“정말요?”

“조금씩은 얘기해 주더라구요.”

1월에 생일파티를 한다는 플로렌스. 초대장을 받아 들고 온 유원이와 쇼핑을 나갔다.

“유원아, 플로렌스가 무슨 선물 받고 싶을까?”

“폭신폭신한 곰 인형 같은 거.”

“Cuddly toys.”

“어떻게 알아?”

“내가 물어봤더니, 그거 갖고 싶다고 하더라고.”

나는 온 쇼핑센터를 다 뒤져 제일 예쁜 인형을 찾아냈고, 사랑에 빠진 아들놈과 사랑에 빠진 아들놈을 뒷바라지하는 귀여운 엄마는 흡족한 마음으로 집에 돌아왔다.

◇◇ 아주 다양한 **축하카드들**

영국에는 카드 가게가 아주 많다. 규모도 엄청 크다. 그만큼 많은 사람들이 카드를 주고받는다. 생일 카드Birthday card는 말할 것도 없고, 시험 잘 보라는 카드Exams card 혹은 Good luck card, 쾌유를 비는 카드Get Well card, 고마움을 전하는 카드Thank you card, 사랑하는 사람을 잃은 슬픔을 위로하는 카드Sympathy card, 결혼기념일 카드Wedding anniversary card, 이사해서 잘 살기를 기원하는 카드New Home card, 직장을 떠나게 되어 섭섭함을 표현한 카드Leaving card, 아기 탄생을 축하하는 카드New baby card, 새학교에 입학해서 학교 생활을 잘 하라는 카드New school card 등 별의별 카드가 다 있다. 누가 누구한테 보내는 건지까지 세분화되어 할머니가 손자한테 보내는 생일 카드, 아들이 엄마한테 보내는 생일 카드, 심지어는 삼촌이 결혼 안 한 조카딸과 그 남자친구에게 보내는 크리스마스 카드까지 있다. 밸런타인데이 카드Valentine's card, 엄마의 날 카드Mother's day card, 아빠의 날 카드Father's day card 등 나처럼 정서가 메마른 사람은 보고 있으면 카드 팔아먹으려고 누가 참 고민도 많이했구나 싶기까지 하다.

07 유원이의 그녀 플로렌스

"엄마, 생일 파티는 17일이지만 진짜 생일은 14일이야."

"그래? 그럼 유원이, 플로렌스한테 생일 카드 먼저 주어야겠다."

사랑에 빠진 아들놈 뒷바라지에 여념이 없는 내가 한마디 거들었다.

"유원이, 지난 학기에 카드 클럽에서 만든 카드 있지? 그거 주면 되겠다."

자기가 만든 거라고 애지중지하느라 웬만큼 좋아하는 사람이 아니면 주지
않았었는데, 나에게 '굿 아이디어'라고 하더니 방으로 올라갔다. 제일 예쁘게
만들어진 카드를 골라 뭐라뭐라 정성스레 써서는 얼른 봉투를 봉해 버리길래,
사랑에 빠진 아들놈이 여자 친구 생일카드에 뭐라고 썼는지까지 캐묻는 게 예
의가 아닌 거 같아 궁금해 죽을 지경이었지만 참았다.

플로렌스의 생일날. 쇼핑센터에서 찾아낸 제일 예쁜 인형을 분홍색 포장지
로 정성스레 싸서 파티 장소에 갔다. 사실은 유원이가 홀딱 빠져버린 플로렌
스가 어떻게 생긴 아이인지 너무 궁금해서 내 심장이 더 뛰었다.

유원이 반에 있는 모든 남자아이들의 큰누나라고 해도 될 만큼 키가 큰 플로렌스. 6학년 때까지 사이좋게 학교생활 잘 하길. 한 학년당 2반밖에 없기 때문에(영국의 초등학교는 이렇게 규모가 작고 아기자기하다) 1학년 때부터 3학년인 지금까지 계속 같은 반이다.

'드디어 보는구나. 짜잔!'

비.욘.세.

어린 비욘세. 해맑게 웃는 모습이 너무 예쁜 어린 비욘세가 거기 있었다. 키가 유원이 머리 하나 만큼은 더 커서 유원이가 우러러보는 모습이 더 귀여웠다. 사랑에 키가 대수랴.

'유원아, 어여 밥 많이 먹고 키 커라.'

유원이의 러브 스토리를 더 궁금해하던 아이들이 수업시간에 또 물었다.

"선생님, 유원이와 플로렌스는 어디까지 진행 중인가요?"

"봤다. 플로렌스를. 드디어!"

"정말요? 어떻게 생겼어요?"

"생일 파티에 가지 않았겠냐. 그래서 봤지. 비욘세더라고. 비욘세가 어릴 때 저렇게 생겼겠구나 싶은 게 너무 예쁘더라."

"어머, 저희는 플로렌스 얘기 들으면서 금발머리를 상상하고 들었는데 아니었나 보네요."

"엄마는 백인이고 아빠는 흑인이시더라고. 딱 비욘세처럼 생겼어."

"선생님 맘에 드세요?"

'이거 무슨 며느리감 맘에 드냐고 묻는 것도 아니고, 나 참.'

"우리 아들놈이 여자 보는 눈이 있다니까. 영어에도 이런 말이 있을 거 같은데, 뭐니? 내가 뭘 말하려는지 알지?" 한국어로 '여자 보는 눈이 있더라' 딱 그 말을 하고 싶어서 아이들한테 물었다. 사람 사는 일이 다 똑같을진대 영어에도 딱 떨어지는 표현이 있겠지.

"I think my son's got an eye for judging girls. What's the right expression in English in this case? Do you know what I mean?"

서로 가르쳐 주겠다고 대답들을 한다.

"He's got good taste."

'맞어. 이 말이었어. 내가 찾던 말이.'

학생들이 이렇게 가르쳐 주면 열심히 배우는 척하느라 한두 번 정도 따라 한다.

"He's got good taste. He's got good taste."

여자 친구에 대해 너무나 자연스럽게 대처하는 엄마 아빠에게 더 이상 숨길 것이 없어진 유원이는 이제 별 스스럼없이 "나는 그애랑 결혼할거야 I want to marry her." 혹은 "플로렌스는 내 아내가 될 거야 Florence will be my wife."라고 한다.

"유원아, 근데 왜 플로렌스Florence를 플러피 볼Fluffy ball이라고 부르는 거야?"

"응, 머리를 뒤로 매는데, 그게 꼭 플러피 볼Fluffy ball 같거든."

'캬… 짜식, 여기서 또 캬, 소리 나오게 하네.'

백인과 흑인 혼혈인 플로렌스의 머리카락이 굉장히 곱슬곱슬하면서 예쁘더만 뒤로 맨 그 머리가 폭신폭신한 공 같았나 보다. 어릴 때 좋아하는 남자아이 한 명 없이 맨송맨송한 어린 시절을 보낸 나는 이 아이들의 천진한 미소와 행복이 마냥 부러웠다.

◇◇ Do I look cool?

'멋지다' 는 뜻으로 요즘 아이들이 많이 쓰는 표현은 'She is cool.' 아니면 'She is hot.' 이 있다. 그런데 이 말은 아이들이 주로 사용하는 말로, 특히 나 같은 선생님이 쓰기에는 부담스러운 표현들이다.

그외에

- 공부도 열심히 하고 착해서 예뻐 죽겠을 때 She is so lovely. 플로렌스가 이래 보였다!

- 예의가 바른 학생유원이한테 내가 제일 강조하는 것을 말할 때 He is very polite.

- 장난이 심한 아이를 말할 때 He is very naughty.

- 누가 새옷을 입고 왔다던가 해서 멋있다고 할 때 You look fantastic! 아니면 You look fabulous!

유원이에게 3천 원짜리 모자랑 5천 원짜리 선글라스를 사주었더니 다 차려입고 나서 묻는다. "Mummy, do I look cool?"

08

엄마, 찌찌홀더 사려고?

우리가 쓰는 단어 중에는 아이들에게 가르쳐주기 좀 애매한 것들이 있다.
기저귀 차고 다니면서 말문이 좀 트기 시작하면 '찌찌' 라는 단어를 쓰고, 귀
염성이라고는 약에 쓰려해도 찾아볼 수가 없는 나이가 되면 정확한 단어를 입
밖에 내기를 꺼리게 되니, 실상은 평생 살면서 발음도 몇 번 해보지 못하는 그
단어. '브라' 라는 단어도 마찬가지다. 다행히 유원이가 뭐냐고 물어본 적이
없었으니 특별히 가르쳐 줄 이유도 없었다.

영국에서는 말할 것도 없고, 한국에서도 아담사이즈에 속하는 나는 영국에
서 옷이나 신발을 사기가 좀 난감
하다. 그동안 부지런을 떨면서 구
석구석을 찾아다녔으면 지금쯤
'어디 가면 내 사이즈가 있다' 그
정도 정보 수집은 해놨겠건만, 천

> 영국의 여자 성인 옷 사이즈는 내가 사 입을 수 있
> 는 8(우리로 치면 55 사이즈랄까)부터 10(66 정도),
> 12(77 정도), 이런 식으로 증가하는데 워낙 뚱뚱한
> 사람들이 많기 때문에 20이 훨씬 넘어가는 사이즈
> 도 흔하다. 신발은 3, 4, 5 이런 식인데 발이 작은
> 나는 3(우리나라에서는 230 정도)을 신어도 커서 운동
> 화 같은 건 남아용을 사 신기도 한다.

성이 쇼핑을 싫어할 정도로 게으른지라 그런 '삶에 유용한 정보' 마저 없이 살아왔다.

그렇게 유원이가 만 네 살쯤 된 어느 날.

'내가 그래도 사는 곳이 영국인데 속옷 정도는 살고 있는 나라에서 사 입어야지 만날 한국 갈 날만 기다리며 살아야겠어? 나 정말 바보 아니야?' 싶은 생각이 들었다.

수박 한 덩이 정도는 너끈하게 들어갈 만한 크기의 브래지어가 가득한 쇼핑센터 앞에서 필에게 말했다.

"필, 나 여기 좀 들어가서 오늘은 기필코 하나 사봐야겠으니까 유원이 데리고 좀 돌아다니다 와. 이따가 저기 커피 파는 데서 만나자."

그때 유원이가 말했다. 마치, '나 아이스크림 먹을래' 같은 말을 할 때처럼 아무렇지도 않게.

"왜, 엄마? 찌찌홀더 사려고?

"Why, mummy? Are you going to buy 찌찌holder?"

'찌찌홀더라고?

자기가 보기에 찌찌를 잡아매는 hold 물건이라는 생각이 들었던

> 'hold(잡다)'가 들어간 표현들을 살펴보면 다음과 같다.
> Hold on a minute.(잠깐만. 여기서는 '잡는다'는 의미 정도)
> Can you hold the door open for me?(문 좀 잡고 있어봐.)
> I am going to hold a meeting.(회의를 주최할 거다. 'hold a meeting'은 회의를 주최한다는 전형적인 표현)

게다. 한국어로 찌찌를 알고 있던 필과 나는 유원이가 지어 낸 '찌찌홀더'라는 단어를 듣고 한바탕 크게 웃고 싶었으나, 자존심이 고고하신 유원이가 상처 받고 삐치실까봐 허벅지를 꼬집으며 참았다.

그 후로 우리 집에서 '브라'는 찌찌홀더로 통한다. 애니메이션 월-이

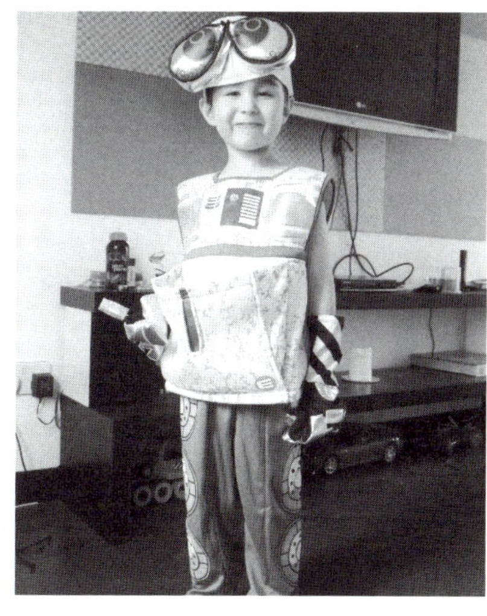

일 년 동안 학교 잘 다녔다고 상으로 사준 월-이
옷. 영국에는 이런 캐릭터 옷이 많다.

Wall-E가 나왔을 때,

"엄마, 월이가 찌찌홀더를 눈에다 했어!"

그러며 자기도 찌찌홀더를 가지고 놀았더랐다.

이 글을 쓰며 만 7살이 넘은 유원이에게 물었다.

"유원아, 찌찌홀더를 뭐라고 하는지 알아?"

한참을 생각하던 유원이.

"몰라."

그런다.

◇ 같은 발음으로 이름 짓기

유원이가 입고 있는 티거 더 타이거Tigger the Tiger 옷은 4년 전 나나nana할머니가 크리스마스 선물로 사주신 옷이다.

티거 더 타이거Tigger the Tiger란 이름은 타이거tiger가 t발음으로 시작되니까 같은 t발음이 나게 티거tigger로 이름을 지은 것이다.

아직도 기억이 나는 88년 서울올림픽 때 뉴스에서 마스코트는 호랑이로 정해졌고, 마스코트 이름을 공모한다는 소식을 들은 적이 있다. 그때 난 이름을 뭘로 하면 좋을까, 30초 정도 생각하고 말았었는데. 나중에 나온 이름은 '호돌이' 였다. 어린 마음에도 '야, 공모까지 해놓고, 결국은 호돌이냐?' 생각했었다. 하긴 뭐 호랑이가 호돌이지, 범돌이라고 할 것도 아니고.

아무튼 영어에도 이런 게 있다. 그냥 이름이 그런가보다 할 수도 있지만, 그 뒤에는 호랑이라 '호돌이', 토끼라 '토순이' 이론이 숨어 있다는 사실. '티거 더 타이거' 역시 그와 같은 맥락에서 지어진 것이다.

어린이 프로그램에 나오는 캐릭터들은 대부분 그렇다.

Bob the Builder 건축아저씨 밥

Postman Pat 우체부 아저씨 팻

Pepper Pig돼지 페퍼

Roary the Racing Car경주용 차 로리같은 r로 시작하기도 하지만 차 소리가 '뤄~어
~(rrrroar, 우리로 치면 '부릉부릉')'해서 로리다. '꼬마 자동차 붕붕'이
랑 비슷하달까.

그 외 동물 이름을 지을 때도 이와 같은 방식으로 많이 짓는다.

Oli the Octopus올리 문어

Larry the Lamb래리 양

Nelly the Elephant넬리 코끼리발음해 보면 '넬리', '엘리'의 운율이 느껴진다.

Harry the Hippo해리 하마

Rory the Lion로리 사자왜 그러냐고 물어봤더니 사자가 짖을 때 '뤄~어~(rrrroar)'해서 로리란
다. 방귀대장 이름이 '뿡뿡이'인 것처럼

09

크리스마스 크랙커 퀴즈는
너무 어려워

영국은 크리스마스가 일 년 중 가장 중요하고 큰 명절이다.

영국에 와서 첫 크리스마스는 필 누나 집에서 보냈다. 영국에서 한국으로 시집 온 영국 새댁이 처음 맞는 추석 명절에 송편을 빚고 나물을 오물조물 무쳐 추석상을 차려 내면, 그게 바로 사람의 탈을 쓴 우렁각시거나 뭔가 흑심이 있는 천년 묵은 여우지 인간인가! 입만 잘 가지고 와서 맛있게 먹어주기만 해도 고마운 일.

입만 들고 다니면서 이집 저집에서 '크리스마스 디너'라는 걸 먹어보니 '이쯤이야 나도 뭐' 싶은 생각이 들었다.

"이번 크리스마스는 우리 집에서 하는 게 어때?"

"음식 할 수 있겠어?"

"그동안 나한테 몇 번 얻어 먹어보고도 몰라?"

"두 사람 먹을 거 하는 거랑 여러 사람 먹을 거 하는 거는 다르잖아."

우리 집에서 내가 차린 크리스마스 음식. 가운데 기다란 막대사탕처럼 생긴 게 '크리스마스 크랙커' 라는 거다.

"나 텔레비전 보고 열심히 배우는 거 봤지?"

당시 나는 영국에서 활동하는 유명한 요리사들 이름을 줄줄 꾀고 있을 만큼 요리 프로그램에 빠져 있었다. 요리라는 것이 그 나라의 문화인지라 알면 알수록 재미가 있었고, 남한테 이렇게 저렇게 하라고 가르치는 영어를 주로 하다 보니 영어 공부하는 데도 더없이 좋았다.

"엄마, 이번 크리스마스는 우리 집에서 차리기로 했어."

"필 식구들이 너희 집에 온다고?"

"응."

"그래, 뭐 김밥이나 하고 전이나 부치고 그래, 그럼."

"아니 엄마, 크리스마스인데 무슨 김밥에 전이야."

"그럼 너가 영국 음식, 뭘 할 줄 알아서?"

"그래도 그렇지, 김밥에 전이 뭐유?"

영국에서 한국으로 시집 온 영국 새댁 집에 설날이라고 갔는데 빈대떡 대신에 피자나 먹으라고 내놓으면 무슨 설 기분이 날까. 설 음식에 지겨워진 명절 마지막 날이라면 모를까, 2, 3년 살아봤으면 최소한 설에 떡국은 먹여주어야지.

영국으로 시집 온 한국 새댁의 첫 크리스마스 상차림은 어떻게 영국 사람이 차린 거보다 더 맛있냐, 도대체 감자를 어떻게 했길래 이리 꿀맛이냐, 이렇게 맛있는 로스트 포테이토는 처음 먹어 본다, 등등의 심사평으로 마무리되었다. 지금은 요리에 대한 열정이 이미 흔적도 없이 사라져, 3일에 한 번은 김치 볶음밥으로 저녁을 때우며 살고 있지만, 크리스마스 디너만큼은 해마다 우리 집에서 차릴 만큼 '한국새댁'의 요리솜씨는 증명된 솜씨다!

크리스마스 디너를 한상 거하게 차릴 정도니 음식에 관한 한 '무식'의 수준은 넘는다고 조심스럽게 자부하는데, 여전히 극복이 안 되는 건 역시나 이들의 삶 속에 섞여 있는 영어다.

크리스마스 디너 상차림에 꼭 등장하는 것이 '크리스마스 크랙커Christmas Cracker'라는 것인데, 먹는 거는 아니고 종이로 만들어져 양쪽에서 잡아당기면 화약 터지는 소리를 내면서 분리가 된다. 영국 영화를 유심히 봤다면 알지도 모르겠는데, 그 안에는 종이로 된 왕관 같은 것이 들어 있고 '크리스마스 조크' 문제가 들어 있다. 처음 그 종이 왕관을 쓰고 크리스마스 디너를 먹는데, '아니, 도대체 다 큰 어른들이 이런 우스꽝스러운 왕관을 쓰고 뭘 하자는 게냐' 했다. 근데 따라해 보니 썩 나쁘지는 않았다. 그냥 하루, 어린아이처럼 종이 왕관을 쓰고 밥을 먹고 웃기도 하면서 바보가 되어 보는 거랄까. 크리스마스 조크는 더도 덜도 아니고 딱 이런 스타일의 수수께끼 문제다.

밥이긴 밥인데 못 먹는 밥은? 톱밥. 이런 식의 문제들이다.

밥을 먹다가 분위기가 썰렁하다 싶으면 자기 크리스마스 크래커에서 나온 조크 문제를 사람들한테 낸다.

질문 : Why couldn't the leopard escape from the zoo?

표범은 왜 동물원에서 도망치지 못 하는 걸까?^{당연 나는 아무 생각이 없다.}

답 : Because he is always spotted.

항상 눈에 띄기 때문에.

답을 말하면 사람들은 '톱밥'이라는 답을 들은 듯 "어……." 한다. 이 정도 문제면 몇 초 느리긴 해도 나도 같이 "어……." 할 수는 있다. 표범은 spotty^점이 있는, 형용사한 동물이라서 사람들이 spot^{알아채다, 동사}하기가 쉽기 때문에 도망을 못 간다는 것.

질문 : What do snowmen eat for breakfast?

눈사람은 아침으로 뭘 먹을까?

답 : Snowflakes.

눈.

정확히 말하면 snowflake, 즉 눈결정체인데 그 말이 콘플레이크처럼 플레이크flake로 끝나니까 아침으로 snowflake를 먹는다는 것.

질문 : Why was Cinderella no good at football?

왜 신데렐라는 축구를 못할까?

답 : Because her coach was a pumpkin.

코치가 호박이니까.

coach를 '마차'와 '축구 코치' 두 가지 의미로 쓴 것.

이런 식으로 만들어낸 수수께끼는 책으로 나올 정도로 많다. 그나마 위의 예들은 몇 초 생각하면 답을 이해할 수 있는 것들이지만, 설명을 한참 들어도 이해가 될똥말똥인 것도 아주 많았다. 먹고사는 음식이 다르면, 쓰고 사는 물건이 다르면, 말하고 사는 언어가 다르면 그럴 수밖에 없는 거다.

한동안 수수께끼 문제에 관심을 보이던 유원이가 어디서 듣고는 집에 와서 문제를 냈다.

질문 : Mummy, why do golfers take an extra sock?

엄마, 왜 골퍼들은 여분으로 양말 한 짝을 가지고 다니게?

나 : I don't know.

몰라.

답 : They might get a hole in one.

홀인원을 할 수도 있기 때문에.

골프에서 쓰이는 홀인원이라는 단어와 양말 한 짝one에 구멍hole이 생기면 갈아 신으려고 그런다는 의미를 짬뽕시킨 것. 다행이 이건 1초 만에 답을 이해할 수 있었다.

내가 이해 못한 수수께끼 문제를 억울한 마음에 유원이한테 내봤는데, 짜식이 나보다 더 이해를 잘해서 약만 올랐던 적이 한두 번이 아니다. 흥, 삐짐! 인생이 다 그런 거겠지.

◇◇ 영국의 **명절**

영국은 미국과 같은 추수감사절이 없다. 미국의 영향을 받아서 할로윈 데이 Halloween day인 10월 31일이 아이들이나 젊은이들 사이에 점점 큰 행사로 커지고 있다. 우리 집에서는 오렌지 색 호박 한 덩이를 사다가 눈, 코, 입을 만들어 잘라내고 촛불을 피운다. 다른 집에서 다 하는 걸 유원이만 안 해주면 섭섭해할까봐.

이날은 아이들끼리 무서운 분장을 하고 집집마다 돌아다니며 초콜릿이나 사탕을 얻기도 한다. 우리 동네 아이들을 보니 만일의 사고가 날까봐 아이들만 어두운 동네를 다니게 하지 않고 부모가 따라다니더라. 아이들은 현관에 와서 '트릭Trick or 트릿Treat'을 외치고 엄마들이 멀찍이서 서 있는 걸 봤다.

'트릭Trick or 트릿Treat!'의 뜻은 이렇다. 직역하면 '너는 트릭trick을 원하냐, 트릿treat을 원하냐'는 뜻으로 트릭trick을 원한다면 자동차 타이어를 펑크내거나 하는 장난을 할 거고, 트릿treat을 원하면 초콜릿 같은 걸 받고 사라져 주겠다는 의미이다. 말하자면 아이들이 집주인한테 협박을 하는 거랄까. 물론 그걸 협박으로 생각하는 사람은 당연히 없다. 굳이 설명을 위해 예를 들자면 그렇다는 얘기. 단어의 운율을 맞추기 위해 '트릭trick or 트릿treat'이라고 하는 것 같다.

할로윈 데이 외에 영국의 공휴일은 우리처럼 어떤 날짜를 기념해서 쉬는 게 아니라, 뱅크 홀리데이bank holiday라고 해서 이 때쯤이면 한 번쯤 쉬어 주자는 의미로 정한 날이 있다. '뱅크 홀리데이bank holiday'라는 말은 은행이 문을 닫아서 일을 안 하는 날이기 때문에 생긴 말이라고 한다. 새해, 크리스마스 기간, 부활절 외에 5월 첫째 주 월요일, 5월 마지막 주 월요일, 8월 마지막 주 월요일이다. 항상 월요일이라서 토, 일, 월 3일을 연이어 쉴 수 있다. 그리고 엄마의 날Mother's day이 있다. 부활절 40일일요일은 빼고 전날을 '렌트Lent' 라고 하는데 렌트 후 넷째 일요일이 엄마의 날이다. 보통 3월, 4월에 있다. 아빠의 날Father's day6월 셋째주 일요일도 날짜가 아닌, 몇 월 몇째 주 일요일 이런 식으로 되어 있어 주말에 부모님과 함께 시간을 보낼 수 있다.

할로윈 데이 때. 집집마다 돌며 초콜릿을 얻는 아이들도 있는데 아무것도 안 하긴 뭐해서 해마다 이렇게 호박 한 덩어리 사다가 촛불을 안에 넣고 피운다. 호박이 다 완성되었을 때 유원이가 호박에게 'Happy Birthday'라고 말해서 나름 힘들게 눈, 코, 입 파낸 보람이 있었다.

10

피카소 그림이 맞아?

미술을 아주 못하는 편은 아니었지만, 미술에 관한 나의 지식 수준은 딱 이 정도다.

'야, 이걸 어떻게 사람이 그릴 수 있었을까. 사진으로 찍은 거 같네. 1700년대, 1800년대에 도대체 무슨 물감으로 어떻게 그렸길래 이렇게 옷이 진짜 옷 같냐.'

그림을 보고 감상이라고 하긴 그렇고, 입을 떡 벌리고 쳐다보면서 '도대체, 어떻게, 이렇게' 이런 부사나 여러 번 섞으면서 '천재네, 천재' 말하는 수준.

한국에서 친구들이 영국에 놀러 오면 꼭 가는 내셔널 갤러리The National Gallery. 꽤 여러 번 갔다. 갈 때마다 나는 "어쩜 옷에 달린 레이스를 이렇게 진짜처럼 그렸을까. 카펫 접힌 것, 거울에 비친 뒷모습, 강아지 털이랑 눈 그린 것 좀 봐." 그러다 오니 나의 미술에 대한 조예는 절대 깊어지지 않는 그 무엇이었다.

자연사 박물관 정문을 들어서면 큰 공룡화석부터 눈에 들어온다.

학교에서 공부에 필요한 모든 것을 다 주는 영국학교를 다니다 보니, 나는 유원이가 학교에서 뭘 가지고 어떻게 배우는지 잘 모른다. 아프지 않고, 학교 가기 싫다 소리 안 하고 열심히 학교를 가니 그거면 충분한 게지 하면서 아들을 방치하는 게으른 어미. 가끔씩 학교에서 만든 거라고 집에 들고 오는 걸 보면 아, 이런 걸 수업시간에 하나 보구나 한다.

'어머, 이건 꼭 피카소 그림 같네. 학교에서 이런 것도 배우나 보지?'

잡지 같은 데서 오린 눈 코 입을 이상한 위치에 붙인 걸 보니 무식한 내가 봐도 피카소 그림 같았다.

"유원아, 이거 학교에서 만든 거야?"

"어, 파블로 피카소는 이렇게 이상하게 사람을 그렸대."

피카소가 피카소인 줄만 알았지, 이름이 파블로라는 것도 그때 처음 알았다.

이런 일이 있은 지 한 반 년쯤 지난 후.

"우리 주말에 런던이나 갈까?"

주말이면 꼭 셋이서 뭔가를 하고 싶어하는 필의 제안이었다.

"런던 어디?"

"글쎄. 일단 가보는 거지."

가다가 생각난 곳이 갤러리였다. 감성교육이니 창의력 교육이니 그런 건 어미의 취미가 아닌지라 밥 열심히 잘 먹고, 선생님 말씀을 잘 들으면 훌륭한 사람이라는 소리를 매일 잔소리로 듣고 사는 유원이. 그런 유원이를 데리고 '하루 코스 단기속성 창의력 교육'을 하려고 했던 건 절대 아니다. 갈 곳도 딱히 없고, 미술시간에 만들어본 피카소의 작품이 실제 갤러리에 있는 걸 보여주면 나쁘지 않을 거 같았다.

내셔널 갤러리.

"엄마, 강아지 좀 봐. 너무 귀엽다."

"카펫이 진짜 카펫 같애."

40년 가까이 산 어미의 감상평은 결국 7살짜리 아들놈 수준이었음을 유원이가 증명해주고 있었다.

"엄마, 피카소 그림은 어딨어?"

안내소에 물어보니 피카소는 1900년대를 넘어가기 때문에 딱 하나만 내셔널 갤러리에 있고 다른 몇 작품이 테이트 모던 갤러리Tate Modern에 있다고 했다. 하나만 있다는 피카소의 작품은 초기 작품이라 유원이가 오려 붙인 그림과는 많이 달랐다.

"어, 선생님이 그랬어. 처음부터 이상한 그림을 그린 건 아니라고."

세 식구는 다시 테이트 모던 갤러리로 향했다. 입 벌리고 감탄하는 수준은 고사하고 현대미술은 '저건 나도 그릴 수 있겠다' 하는 진짜 무식이 넘치는 수준이니 '감성교육 속성코스' 는 당연 어림도 없는 생각이다. 친구랑 갔을 때도 '저걸 처음 시도했다는 게 중요한 거겠지' 하면서 현대미술을 이해하려 애썼지만, 어떤 건 정말 울트라수퍼 무식 푼수 아줌마 입에서 '저거 청소해주는 아줌마한테 나 밥 좀 먹을 동안 빨갛게 다 칠해 놓으라고 하고 작품임네 하는 거 아니야?' 소리가 나오게 했다.

피카소 그림을 찾으러 올라갔다. 여러 그림 중에서도 금방 찾을 수 있을 만큼 특징적인 피카소의 그림이 있었다. 학교에서 본 걸 실제로 본다는 게 신기했던 것도 잠깐.

다른 그림들을 지나가다 보면서 유원이가 뱉어낸 감상평은, 미술에 대한 나의 조예는 7살 '사내놈' 수준이라는 걸 다시 한 번 뼈아프게 보여주었다.

"저게 뭐야?" 참 기도 안 찬다는 듯한 그 말투라니.

"What's that?"

"내가 그려도 저거보단 낫겠다!"

"I can do better than that!"

"눈감고도 저거보단 잘 그리겠네!"

"I can draw better than that even with my eyes shut!"

"나는 10초면 저거 그릴 수 있다."

"I can do it within 10 seconds."

무식한 표 안 내려고 속으로만 생각했던 말들을 유원이가 서슴없이 하는 걸 보면서 이게 예술이고 창의력이라고 강의를 하는 대신 공공장소에서는 큰 소리로 말하는 게 아니라고 주의를 주면서 나는 웃었다. 그리고 유원이가 했던 영어 문장을 반복해 외우며 저거였어, 내가 하려던 말이 저거였다구, 하면서 차 안에서 혼자 계속 웃었다.

런던아줌마의 Tip

◇◇대부분 무료인 **갤러리와 박물관**

영국의 갤러리와 박물관은 대부분 무료이다. 영국을 여행하면 가장 흔하게 가게 되는 곳이 내셔널 갤러리The National Gallery, 테이트 모던 갤러리Tate Modern, 자연사 박물관The Natural History Museum, 과학 박물관The Science Museum, 빅토리아 알버트 박물관The Victoria and Albert Museum 그리고 대영 박물관The British Museum 정도이다. 자연사 박물관은 공룡화석정 중앙 홀에 들어가면 뼈로 만들어진 공룡이 떡하니 있다을 시작으로 자연과 관련된 역사를 볼 수 있는 곳이고, 과학 박물관은 당연히 과학과 관련된 역사, 빅토리아 알버트 박물관은 예술·디자인 계통과 관련된 박물관이다. 내가 가장 좋아하는 곳은 내셔널 갤러리. 유명한 유화들을 침 질질 흘리며 감탄하면서 본다.

11

sheep양과 ship배은 너무 비슷해

게으른 엄마를 둔 덕에 집에서 주로 하는 일은 '놀기'인 유원이. 가끔 5분 정도 책이나 좀 읽어 주었을까, 생전 옆에 끼고 앉아 공부라는 걸 시켜본 적이 없는데 제법 영어를 읽고 쓰는 걸 보면 학교에서 뭘 배우긴 배우는 거 같다. 무슨 바람이 분 건지 내 옆에 바짝 붙어 앉아 책을 읽던 유원이가 '배'가 어쩌구 하길래 유심히 들어봤다.

'짜식이, 동물 양이라고 '쉬입sheep' 하네.'

"유원아, 털 복실복실 있는 양은 '쉬입'이고, 그럼 타는 배는 뭐야?"

"쉽ship."

'유원이는 저렇게 자연스럽게 되는데 나는 번번이 말할 때마다 신경을 써야 하니, 아무튼 제2외국어는 어쩔 수 없다니까.'

내가 아기를 가졌다고 하니까 옛날에는 엄마들이 손수 아이 옷을 떠서 입혔다며 유원이가 태어나기도 전에 스웨터랑 모자를 떠서 선물로 주었던 옆집 할머니. 갓난쟁이 유원이를 안고 할머니 집에 갔을 때, 할머니가 직접 만든 케이크를 먹으며 이런저런 얘기를 하던 중이었다.

"중국은 태어나는 해에 따라 원숭이니 말이니 뭐 그런 게 있다는 거 같던데 한국도 있나?"

"I heard that in China, their years are related to animals. Do you have that kind of thing in Korea?"

"맞아요. 한국도 있어요."

"유원이는 그럼 뭔가?"

"쉽이요."

"어? 나는 전부 동물인 줄 알았는데 동물이 아니기도 한가보네?"

'왜 꼭 이놈의 영어는 말을 하고 나면 틀린 걸 알게 되는 건지. 입에서 나온 말을 주워 담을 수도 없고 참.'

"맞아요, 다 동물이에요. 제가 발음을 잘못해서 그래요. 쉽ship이 아니고 쉬입sheep이요."

"어, 양이구나. 양이면 무슨 의미가 있는 건가?"

"글쎄요. 저는 그냥 유원이가 양같이 순둥이였으면 좋겠는데 모르죠 뭐."

"그럼 자기는?"

"저는 쥐요."

"어, 정말 그렇게 다들 동물해가 있구나."

이런 경험을 했던 내가 선생을 하면서 가장 걱정스러워 하는 발음이 바로 장음과 단음이다. 우리나라에도 먹는 밤은 '밤', 껌껌한 밤은 길게 '바암', 얼굴에 달린 눈은 '눈', 겨울에 내리는 눈은 '누운' 한다는 걸 배운 기억은 있지만, 사실 일상 대화에서 특별히 신경을 써서 구분해 말하는 사람은 없지 않은가. 그러니 한국 사람인 나는 신경을 안 쓰면 양도 '쉽' 이고 배도 '쉽' 일 수밖에 없는 거다. 배가 양으로 둔갑하기도 하고 양이 배로 둔갑하기도 하는 거야 크게 걱정할 일이 아니지만, 영어에는 장음과 단음을 구별하지 않으면 큰일이 나는 단어들이 있다.

"자, 잘 들어봐. 내가 뭐라고 하는지. 쉬이이이잇. 욕하는 걸로 들리지 않지?"

"자기 진짜 그 발음만큼은 정말 조심해서 해야 된다."

"나도 알아. 왜 영국은 이렇게 수업시간에 책을 잘 안 쓰고 프린트물을 써서 고생을 시키는지 원."

영국에서는 수업시간에 프린트물worksheet줄여서 'sheet' 라고 하기도 한다을 많이 쓴다. 당연히 선생으로서 프린트물을 나누어 주고, '자, 프린트물 두 번째 단락' 이런 식으로 말을 해야 되는데, sheet을 발음하면서 짧게 '쉿shit' 해버리면 우리학교에서는 당장 silence room으로 보내질 만큼 엄청난 욕이 되는 거다. 하루에 열 번도 더 말하는 그 단어는 말할 때마다 떨린다.

"프린트 한 장씩 갖고 나머지는 다음 사람한테 빨리 패스해라. 자, 너희들이 이제 할 일은……."

"Girls, take a sheet and pass them on. What I want you to do is……."

하면서 지나치다 싶을 만큼 길게 '쉬이이이이이잇' 하면 '왜 저 아줌마는 sheet을 저렇게 발음하냐' 싶은 얼굴로 쳐다보는 아이들이 있다. 착하고 예쁜 아이들이 모인 반 아이들한테는 이유를 설명해준다.

"한국어에는 긴 발음과 짧은 발음이 없단다. 내가 옛날에 양을 '쉽' 이라고 했더니 옆집 할머니가 배로 알아듣는 거야. 너희는 '쉽'과 '쉬입'을 혼동한다는 게 이상할 정도로 두 단어가 전혀 다른 말이지만, 긴 발음 짧은 발음이 없는 한국어를 하던 사람은 그렇지 않거든. 내가 선생을 시작하고 나니까 sheet이 그렇게 걱정되더라고. sheet을 짧게 발음하면 뭐가 되겠냐."

하니까 아이들은 '그게 뭘까?' 싶은 얼굴로 쉬입sheep, 쉽ship, 쉬잇sheet, 그렇다면…… 하면서 머릿속에서 답이 떠오르자 막 웃기 시작했다.

"그게 나한테 얼마나 심각한 문제인지 알겠지? 그러니 내가 앞으로 유난히 '쉬이이이잇' 하며 길게 발음해도 이상하게 쳐다보지 말도록!"

런던아줌마의 Tip

◇◇ 발음하기 어려운 영어 단어들

내가 이 에피소드를 블로그에 올렸을 때 어떤 분이 덧글을 다셨다.

"그런 단어 하나 더 있어요. beach!"

수업시간에 해변가 얘기를 할 일이 거의 없다는 게 얼마나 감사한지 모르겠다.

그 외 내가 힘들어 하는 발음은 year 와 ear. 똑같은 것 같은데 아니다. 어느 날 12학년 아이들이 킥킥 웃길래, 왜 그러냐고 뭐 또 내가 발음 이상하게 했냐고 했더니, 내가 '몇 년 후……' 이런 얘기를 하면서 ear라고 했다는 거다. 아이들이랑 몇 번 연습을 했는데, 참 안 된다. 그리고 또 어려운 발음은 바로 pizza. 분수를 얘기하다 보면 피자 얘기를 하게 되는데 '핏자'도 아닌 것이 '핏짜'도 아니다. 그 미묘한 발음 차이는 아직도 참 어렵다.

12 이 단어를 훔쳐 써야지

유원이를 재우러 2층에 올라가면 보통은 같이 잠들어 버리는 필이 입이 귀에 걸려 내려왔다.

"유원이한테 책을 읽어주려고 했는데 마땅한 책이 없더라구. 그래서 그냥 내가 보던 책을 같이 읽었어. 얼마 있다 유원이가 그러는 거야. 아빠, 'exquisite'가 무슨 뜻이야Daddy, what does 'exquisite' mean? 그래서 유심히 보니까 책에 유난히 어려운 형용사가 많이 나오더라구. 설명을 해줬더니

> exquisite : 단순히 good이나 nice가 아닌 아주 아주 좋을 때 쓰는 말

'이 단어를 훔쳐서 써야지I am going to steal this word' 하지 않겠어? 'steal'이라고 하는데 내 어찌나 감동스럽던지 말이야."

필은 유원이가 그냥 이 단어를 쓰겠다는 것이 아니라 훔쳐 쓴다고 해서 '선생님이 이렇게 표현하셨나 보구나' 하는 생각이 든 모양이다. 책을 많이 읽고 새 단어가 나오면 그걸 써서 실제로 이용하라는 선생님의 뜻이 steal이라는

단어 하나에 담겨서 필이 많이 감동한 거 같다.

영어에서는 형용사가 좋은 글쓰기의 중요한 요건이다. 보조교사를 할 때 일주일에 두 번은 영어 수업에 들어갔는데, 영어선생님은 학생들이 다양한 descriptive word묘사적인 단어. 아이들이 어리니까 '형용사(adjective)' 같은 말을 몰라서 이렇게 이런 용어로 가르치나 보구나 했다를 쓰도록 많이 강조를 하셨다. 내가 영어 공부를 할 때도 문단에서 한 번 쓴 단어는 다시 쓰면 좋지 않다고 해서 비슷한 의미의 형용사를 굴비 엮듯 엮어서 참 열심히 외웠다.

다음 날.

"유원아, 어제 아빠랑 책 읽으면서 새로 알게 된 단어가 뭐라구?"

"exquisite. 하나 더 있어. formidable."

유원이가 formidable이라고 하는데, 영어 공부할 때 줄줄이 엮어서 외웠던 굴비들이 생각났다.

formidable : 막강한, 아주 강력한, 천하무적의

"formidable이랑 비슷한 말들이 또 있지. invincible, unbeatable."

"유원아, 너희 엄마는 어쩌면 저렇게 기계처럼 척하면 착이냐?"

"아, 나 똑똑한 거 이제야 알았어?"

그러고 며칠 후. 유원이가 아파서 결석을 해서 학교에 편지를 쓰려던 참이었다. 영국은 학생이 결석을 하면 부모가 꼭 편지를 써야 한다. 초등학교는 그렇지 않겠지만, 중고등학교 같은 경우 아이가 부모 몰래 학교에 가지 않고 딴짓하는 걸 막기 위해 꼭 부모의 편지를 받는 거다. 그냥 아주 짧게 '열이 나서 결석을 했다' 라고 쓰고 사인을 하면 된다.

편지를 쓰던 필.

“있잖아. 이왕 편지 쓰는 김에 우리, 유원이 선생님 칭찬하는 말도 좀 첨가하자. 자기도 선생이라 잘 알잖아. 선생들은 잘해야 본전이고, 편지 받으면 대부분 항의 편지라는 거. 내가 감동 받았다고 꼭 쓰고 싶거든.”

“하긴 그래. 학부모가 나 칭찬하는 편지 써서 보내면 기분 무지하게 좋겠지.”

필은 간단히 이렇게 썼다.

교장선생님께.

유원이가 고열로 지난 화요일, 수요일 이틀간 결석을 했습니다.

그리고 유원이 담임선생님께 감사드린다는 말씀을 꼭 전해주셨으면 좋겠습니다. 지난주 유원이랑 책을 읽던 중이었습니다. exquisite이라는 단어를 보고 무슨 뜻이냐고 묻더니, "이 단어를 훔쳐서 써야지 I am going to ‘steal’ this word." 하더라구요. 분명 담임선생님께서 가르치신 걸 텐데, 제가 그 소리를 듣고 얼마나 기뻤는지 모릅니다. 유원이가 학교에서 아주 잘 배우고 있구나 싶었지요.

Dear Mrs XXX, Euon was absent on Tuesday and Wednesday because he had a high temperature. In addition, I would like you to tell Euon's teacher ‘Thank you.’ Last week I was reading a book with Euon. He saw the word, ‘exquisite’ and asked me what it meant. After I explained to him, he said, "I am going to steal this word." I am sure he learned this during his lesson. I was so impressed and happy to know that Euon is receiving a good education.

유원이가 아빠랑 만든 로켓. 도서관에서 빌린 책을 보고 몇 주에 걸쳐 만든 거대 프로젝트였다. 자전거 바퀴에 바람을 넣는 펌프를 연결해서 작동되는 거였는데, 안 날아갈 줄 알고 별 생각 없이 펌프질을 했는데 밤하늘로 솟구쳐 사라져버렸다. 다음 날 해 떴을 때 보니 로켓이 옆집 지붕 위에 착륙해 있었다.

그날 저녁.

"선생님이 나더러 글쓸 때 꼭 exquisite을 써야 한대."

"정말?"

시침 뚝 떼고 더 이상은 말하지 않았다.

며칠 후 유원이가 숙제를 하고 있었다. 뭔가를 만드는 방법을 간단명료하게 설명하는 숙제였다. 아빠랑 같이 만든 로켓 만드는 법을 숙제로 하겠다던 유원이.

제목 : 초강력 로켓Formidable Rocket

준비물 : 얇은 나무balsa wood, 본드super glue, 페트병Fanta plastic bottle, 하드보드지cardboard

만드는 방법 :

페트병을 깨끗이 씻어 말린다.

> 한국에서 말하는 도화지 같은 종이는 영어로 card라고 한다. cardboard는 소포상자 같은 누런 종이 박스 재질을 말한다. 영어에서 하드보드(hardboard)는 나무를 가공해서 만든 얇은 누런색 판 같은 것이다.

Empty a 2 litre Fanta bottle and dry it thoroughly.

나무에 로켓 날개 모양을 그린 후 칼로 자른다.

Draw a rocket fin shape on the balsa wood and cut it out with a knife.

중략

"Empty가 doing word 맞아? 선생님이 꼭 doing word로 문장을 시작해야 된다고 했어."

> doing word는 '동사'를 가리킨다. 아이들이 동사(verb)를 모를 테니 쉬운 단어로 이렇게 가르치는구나 했다. empty는 원래 형용사로 많이 쓰이는데 여기서는 동사로 쓰였다.

"엄마, 선생님이 똑같은 단어 또 쓰면 안 된다고 했어. Put 말고 insert로 써야겠다."

"엄마, 문장을 자꾸 and…… and…… 그렇게 쓰면 안 된대. 대신 so that을 써야겠다."

이런 영어에 특히 약한 어미보다 훨씬 나은 영어를 구사하며 숙제를 하던 유원이. 열여섯 번째까지 번호를 매겨 설명을 쓰더니 마지막에

"이제 아주 멋진 로켓이 완성되었다."

"Now, your exquisite rocket has been completed."

라고 쓰며 마무리를 했다.

그 다음 날 담임선생님이 어떻게 숙제 검사를 하셨나 보니 유독 눈에 들어오는 부분이 있었다.

Formidable에 밑줄 긋고 'very good word! 아주 좋은 단어다!'

exquisite 밑줄 긋고 'You used this word! Well done, Euon. 유원아, 드디어 이 단어를 썼구나. 아주 잘했다.'

숙제 검사 받았다고 하며 노트를 내미는 유원이의 얼굴에는 본인 스스로도 뿌듯하다는 듯 행복한 미소가 번졌다.

◇◇ 반드시 **피드백**을 주는 **학교**

우리학교에서도 강조하는 거지만, 아이들이 한 숙제나 수업시간에 한 걸 채점 marking하고 피드백을 주는 게 선생으로서 반드시 해야 할 아주 중요한 일 중 하나다. 가르치는 반이 한두 반이 아니기 때문에 7학년부터 13학년까지 사실 늘 채점을 하고 피드백을 주는 게 그리 쉽지가 않다. 다른 할 일도 많기 때문이다. 초등학교 같은 경우는 한 반만 가르치면 되서 그럴지도 모르겠지만 그렇다고 초등학교 선생님들의 일이 적은 건 절대 아니다 유원이가 학교에서 한 것이든, 숙제로 한 것이든 전부 채점이 되어 있고 간단하게라도 반드시 피드백이 써 있다. 우리나라처럼 100점 만점에 몇 점을 받았다는 식으로 채점하지 않고, 틀린 답을 체크하고 이유를 써주는 식이다. 나는 내가 가르치는 아이들한테 늘 피드백을 주고 채점하는 것을 잘 못하는데, 이에 반해 초등학교 선생님들이 하시는 걸 보면 정말 대단하다 싶다.

13 ௸

웁스? 웁시데이지?

동생이 영국에 놀러왔을 때였다.

"우리나라도 아이들한테는 응가똥, 맘마밥, 에비!무섭다고 할 때 이런 식으로 다른 말을 쓰잖아. 영어도 그런 게 있더라. '웁시데이지Oopsy daisy'가 뭔 줄 알아? 백화점이나 할인매장에 있는 '플레이타임' 같은 곳에 가니까 할머니들이 많이 쓰더라구. 뭔가 떨어뜨렸을 때, 넘어졌을 때, 영어로 '웁스Oops!' 그러잖아. 근데 아이들한테 쓸 때는 귀엽게 말하느라 '웁시데이지'라고 하더라. 웁스가 귀엽게 되다보니 웁시oopsy가 되고, 운율을 맞추느라 '이'로 끝나는 꽃 '데이지daisy'를 붙인 거 같애. 애들이 놀다가 넘어지고 그러니까 할머니들이 웁시데이지, 웁시데이시 그러더라고. 필 엄마도 유원이랑 있으면 웁시데이지, 웁시데이지 많이 그래."

"저. 엉. 말?"

"뭘 그렇게 유난스럽게 놀래냐?"

"내가 그 말뜻을 알고 싶어서 얼마나 노력을 했게. 스펠링이 뭘까 궁리해서 사전 찾아보고 했는데 못 찾겠더라구. 결국은 포기했는데 그거였어?"

"왜?"

"노팅힐 영화 내가 엄청 좋아한 거 알지? 휴 그란트가 줄리아 로버츠랑 데이트 할 때. 어떤 부잣집 정원에 담 넘어 들어가려고 하잖아. 휴 그란트가 담을 넘으면서 미끄러지니까 '웁시데이지!' 그러더라구. 그걸 보고 줄리아 로버츠가 막 웃으면서 누가 요즘 그런 말을 쓰냐고 하구. 도대체 무슨 뜻이길래 줄리아 로버츠가 저렇게 웃으며 흐뭇해하는 걸까 궁금했지."

그 장면. 나도 생각난다. 휴 그란트가 친구들과 저녁을 먹고 즐거운 시간을 보낸 후 어둑어둑한 길을 걷다 정원이 멋있는 집을 지나며 담 넘어 들어가자고 했던. 그때 휴 그란트가 '웁시데이지' 라는 말을 썼구나.

영화를 다시 보았다. 사랑이 막 피어나기 시작할 때 순수하기 그지없어 보이던 휴 그란트가 '맘마' 먹고 '응가' 하는 게 세상에서 제일 중요한 일인 손자들한테 할머니들이 쓰는 말, '웁시데이지!' 하니 줄리아 로버츠가 '고놈 참 하는 짓이 순수하고 귀엽네' 하며 웃는 것이었다. 마지막 장면이 그 정원이 멋있는 집을 사서 공원처럼 사람들에게 공개하고 행복하게 알콩달콩 사는 것이었으니 '웁시데이지' 의 뜻을 알고 싶어 죽었을 동생의 맘이 이해가 된다.

"유원아, 웁시데이지가 무슨 뜻이지?"

"Euon, do you know what oopsy daisy means?"

"음… 웁스랑 비슷해. 뭘 업질렀다던가, 사고가 났을 때 '웁스!' 그러는데 서너 살짜리 아이들은 '웁시데이지' 라고 해."

"Well, it is similar to oops. When you spill something, like a sort of

유원이한테 물어보니 이렇게 설명을 한다. 그러면서 덧붙인다.

"근데 나는 어렸을 때도 그런 말은 안 했어."

"But I didn't say that even when I was little."

'짜식, 만날 자기가 무슨 다 큰 어른인 척 하기는. 너도 옛날에 웁시데이지, 웁시데이지 그랬거든? 솔직한 얘기로다가 휴 그란트만큼 사랑스러워 보이진 않았지만.'

나는 한 번도 웁시데이지라고 해본 적은 없다. 한국 아줌마가 '아이구'라고 할 상황에 '웁시데이지' 하면, '아퍼 죽겠네' 해야 할 때 '순대 일 인분!' 하는 것처럼 뜬금없게 느껴져서 그렇다고 할까.

런던아줌마의 Tip

◇◇ 착한 아기들한테 Good boy! Good girl!

"아이고, 착하기도 하지"하면서 아기들한테 제일 흔하게 하는 말이 Good boy! Good girl!이다. 그리고 아기가 많이 보채고 짜증이 난 것 같을 때는 "He is cross." 라고 많이 한다. 처음에 cross라는 단어를 듣고 저게 뭔가 했는데, 꽤 흔하게 쓰는 말이다.

엄마 오래됐어?

"엄마 오래됐어?"

옆에 누워 텔레비전을 보던 유원이가 뜬금없이 물었다. 유원이가 이런 말을 할 때면 나름 추리를 해야 한다.

"엄마가 오래됐냐구?"

"응, 엄마 오래됐어?"

"글쎄." 한국말이 완벽하지 않은 것에 기죽지 않았으면 하는 마음에 유원이 말을 못 알아들은 표는 되도록이면 내지 않으려고 한다.

"나나Nana할머니를 그렇게 부른다는 오래됐잖아."

할머니가 돌아가신 뒤이 책을 쓰는 동안 우리 맘을 참 안타깝게 하셨던 필 엄마가 치매로 돌아가셨다 얼마 지나지 않아 유원이가 물어본 질문이었다. 엄마도 오래되서 죽으면 어쩌나 싶은 생각이 들었던 게다.

'아, '늙었다', 혹은 '나이가 많다'는 말을 모르는 유원이가 지금 나한테 엄

마가 나이가 많냐는 뜻으로 묻는 거구나.'

"유원아, 그거 오래됐어. 오래된 음식은 먹으면 안 돼. 배 아파서 병원가야돼."

부지런하지 못한 내가 냉장고 관리를 제때 제때 하지 못하는 탓에 아무거나 먹고 탈날까봐 항상 물어보고 먹게 하려고 내가 잘 쓰는 말이다. 아니면 뜯어놓은 초콜릿이나 막대사탕이 너무 커서 다 먹지 않았으면 하는 마음에 하루밖에 안 지난 건데도 오래되서 못 먹는다고 시침 뚝 떼고 거짓말을 하는 내가 잘 쓰는 말.

할머니가 나이가 많다고 할 때도 old를 쓰고, 음식이 오래됐다고 할 때도 old를 쓰니, 유원이는 나름대로 old가 오래된 거라고 결론을 내리고 이렇게 질문을 하는 거였다.

"아, 엄마가 나이가 많냐고 묻는 거구나? 엄마가 왜 나이가 많아. 할머니가 많지."

이처럼 유원이가 하는 말을 가만 듣고 있으면 한국어 단어와 영어 단어를 나름 짝을 지어 문장에 쓴다는 걸 알 수 있다. 마치 영한사전을 가지고 공부한 사람처럼.

또 한번은 한국을 갔다 온 직후라 한국어가 꽤 유창해진 만 세살 때쯤의 유원이가 장난감 기차들을 레일 위에 하나하나 올려놓으며 놀던 중이었다.

"방이 없어. 방이 없네."

'아니, 기차 갖고 놀다가 갑자기 방은 무슨 소리야?'

하고 보니 레일 위에 기차들을 하도 많이 세워놓아서 더는 기차를 올려놓을 '공간'이 없는 거였다. 영어에서 그럴 때 room을 쓰니까, 한국에서는

room을 방이라고 한다는 걸 배우고 와서 나름 응용을 한답시고 그렇게 말을 하는 것이었다.

"야, 유원이 한국말 너무 잘한다. 한국에서 room을 방이라고 한다는 거 누가 가르쳐 주지도 않았는데 혼자서 생각했나 보네? 근데 유원아, 그럴 때는 방이라고 안 하고 '자리'라고 그래. 자리가 없으니까 레일을 더 놓고 기차들을 올려놓으면 되겠다, 그지?"

두 가지 언어를 하느라 고군분투하는 유원이와 나. 그래서 나는 틀린 말을 해도 유원이가 기특하고, 이유있게 틀리는 유원이가 대견하고, 집에서 나랑 한국어로 얘기하려 애쓰는 유원이가 사랑스럽다. 그런데 이놈은 이제 좀 컸다고 엄마가 좀 틀린 말만 하면, "엄마, 그 말 쫌 이상한데. 틀렸어!Mummy, it doesn't make sense!"하면서 어미 기를 죽인다. 의리 없는 놈 같으니라구.

◇◇ room과 old

:: room은 추상명사일 때는 '공간' 의 의미, 보통명사일 때는 '방' 의 의미로 쓰인다.

There is no <u>room</u> for any more people. 더 이상 사람이 들어갈 공간이 없다.

복수로 사용 불가

I haven`t finished eating yet. I`ve got plenty of <u>room</u> for that delicious Kimchi. 아직 다 안 먹었다. 이렇게 맛있는 김치가 들어갈 공간은 충분히 더 있다.

:: old는 '나이가 많다' 는 뜻보다는 '오래되었다' 는 의미로 더 많이 쓰인다.

I`am getting <u>old</u>. 나도 이제 늙어가는 게야 냉장고 문을 열고 서서는 '뭘 꺼내려고 열었지?' 할 때 내가 자주 쓰게 되는 말.

The bread is too <u>old</u>. 빵이 오래되었다.

'오래되었다' 는 의미의 다른 표현 중에 다음과 같은 문장도 많이 사용된다.

Mummy, is this orange juice <u>out of date</u>?

엄마, 이 오렌지 주스 날짜 지났어? 유원이가 자주 하는 말. 음식 관리 잘 못하는 나한테 훈련을 잘 받은 것 같다.

내가 영국에 살면서 가장 아쉬운 게 있다면, 전화만 하면 총알같이 배달되는 자장면도 아니요, 냉장고에 그득그득 들은 엄마 집 김치도 아니요, 15초만 뛰어나가면 웬만한 거 다 파는 우리 동네 구멍가게도 아니다. 기역 니은 드귿, 아야어여가 찍어지는 핸드폰? 영어 문자 찍어 보내는 거 어쩌다 가끔 하는 일이라 그것도 뭐 그리 아쉽지 않다. 모처럼 큰맘 먹고 삼겹살 비스르므 한 걸 사다가 구워 먹으려고 할 때 상추에 두 장씩 겹쳐서 싸먹던 깻잎도 아니요, 추워 죽겠는 날 길에서 뜨끈하게 마실 수 있는 오뎅 국물도 아니요, 감기 들어서 으슬으슬 추울 때 이불 뒤집어쓰고 땀 쭉 내고 잘 수 있는 온돌 방바닥도 아니다.

나이가 40이 다 되가는 내가 제일 그리운 건 동생이랑 넋 놓고 텔레비전 보면서 키득키득 웃고, 텔레비전에 나오는 사람들이 무슨 죄라고 괜히 한마디씩 꼬투리 잡으며 '맞어, 맞어' 맞장구치며 바보처럼 웃는 거다.

"언니, 이거 진짜 재밌어. 봐봐."

혼자서도 잘 노는 유원이. 뭔가 자기가 생각해도 훌륭하다 싶은 일을 하고 나면 스스로도 기뻐하며 이렇게 말하곤 했었다. "He's done it!"

케이블 방송에서 해주는 재방송이었다. 정확히 기억나진 않지만 스토리는 대충 이런 거였다. 나문희와 이순재가 나왔다. 무뚝뚝의 극치를 달리는 이순재를 남편으로 둔 나문희. 부부 동반 모임에서 어떤 여자가 "여봉, 순자는 쌈이 먹고 싶어용. 순자, 고기쌈 좀 싸주세용." 하는 걸 목격했다. 코맹맹이 소리를 내며 아양을 떠는 부인의 부탁을 척척 들어주는 그 집 남편을 유심히 보던 나문희. '나도 한번 해봐' 하며 용기를 내었다.

"여봉, 문희가 목이 너무 말라요. 물 좀 갖다줘용."

"여봉, 문희는 새 옷이 너무 갖고 싶어용."

"여봉, 문희는 오늘 외식이 하고 싶어용."

하면서 이순재에게 아양을 떨었고, '어머, 정말 이 방법이 통하네' 하면서 계속 아양을 떨던 나문희는, 모든 부탁을 아무 말 않고 들어주던 이순재의 손에 이끌려 결국에는 병원에 가서 치매 검사를 받는 것으로 얘기가 끝이 났다. 두 분의 능청스런 연기를 보면서 나는 동생이랑 여한 없이 웃었다.

말을 배우는 아이들은 문장에 '나' 라는 주어를 쓰기까지 시간이 좀 걸린다. 다른 말은 다 하면서도 '나' 를 주어로 쓰지 못하는 것이다. 내 나름 이유를 분석해보면, 주변에 있는 모든 사람들이 전부 '나' 를 이름예를 들어 '길동이' 라고 부르니까 자기도 자기 자신을 '길동이' 로 부르는 거다.

"엄마, 길동이가 배가 고파요."

"엄마, 길동이가 이거 했어요."

이런 단계를 거치다, 길동이는 결국 '나' 라는 걸 깨닫고 '나는 배가 고파요' 라는 문장으로 발전해 나가는 것이다. 아무튼 이렇게 어린아이들이나 자기 자신을 '이름' 으로 부르는 법인데 손자를 둔 할머니 나문희가 '문희는 오늘 외식이 하고 싶어용' 하는 모습이 어찌 귀엽고 천진해 보이지 않을 수 있겠는가.

어느 날 혼자 놀고 있던 유원이가 외치는 소리를 들으며 '어머, 영어 하는 아이들도 저렇네' 했던 적이 있다.

레고 블록으로 탑을 그럴싸하게 쌓았다던가 뭔가 자기가 생각해도 훌륭하다 싶은 일을 하고 나면 필과 내가 했던 말처럼 혼자서,

"그가 해냈어!"

"He's done it!"

하며 'I' 라는 주어 대신 주변에서 자신을 가리킬 때 쓰는 'He' 를 쓰는 것이었다. 한국 아이들은 '길동이가 했어요' 하는 걸 유원이는 '그가 해냈어' 이렇

게 말하는구나, 나 혼자 분석을 했었다. 뭐든 자기가 하겠다고 한참 우길 때는 여느 아이들처럼,

"유원이 그거 할 거예요, 유원이 그거 할 거예요!"

"Euon will do it, Euon will do it!" 라고 했다.

필한테 물어봤다.

"흔한 경우는 아닌데, 코미디 같은 거 말고 진짜로 다 큰 여자가 남자친구 앞에서 귀염 떠느라 '은영이 너무 배고프당' 이렇게 말한다는데, 영국에도 혹시 그런 경우 있어?"

"다 큰 여자가 그러면 정신이 어떻게 됐다고 봐야 되는 거 아니야?"

더 물어볼 말이 없었다. 모든 영국 사람들이 그렇게 생각하는지는 모르겠으나, 필은 나 같은 여자랑 결혼한 걸 보면 이런 대답밖에는 못할 사람이다.

◇◇ have got to는 have to

유원이가 "He's done it." 했을 때 옛날 코미디 프로의 "영구 없다"란 대사가 생각났었다. 영구가 자기 얼굴을 보여주면서 "영구 없다"고 하는 표현을 영어로 하면 "영구's gone."이겠구나. 참 별 생각을 다 하며 산다.

영어에서 완료형은 참 어려운 문법 가운데 하나인데, 영국에 있으면서 하나 배운 게 있다. 완료형처럼 보이는 'I've got to' 하면 거의 'I have to' 즉, '반드시 해야만 한다'는 의미로 쓰인다는 사실이다.

I've got to finish my homework. = I have to finish my homework. 숙제를 끝내야 한다.

ST JAMES'S PARK
BUCKINGHAM PALACE
BUS STOP
TATE MODERN

3장
우리
세 식구는
이렇게 산다

　　유원이가 3살 때쯤이었던 것 같다. 비행기가 막 이륙을 하고 5분쯤 지났을까, 유원이가 물었다.

　"이제 다 왔어?"

　"Are we there yet?"

　뒤에 앉아 있던 한 영국 할머니는 유원이 소리보다 더 큰 소리로 하하하 웃으셨다.

　'야, 나는 어릴 때 내 평생에 비행기라는 걸 타 볼 때가 있을까, 그러며 살았는데 유원이 너는 고작 3년 살고 비행기 타는 게 지겨운 게냐.'

　생각하며 나도 같이 웃었다.

　여행을 많이 다녔다. 주말이면 차로, 방학이면 비행기로, 긴 여름 방학이면 비행기로 한국까지. '열심히 일한 자, 떠나라' 라는 카피가 있었던가. 보통 새벽 5시에 일어나 이른아침을 맞는 필과 나는 평소에 열심히 일하고 근검절약

유원이가 처음 비행기를 탄 게 8개월 때. 유원이를 데리고 공항 참 많이 다녔다. 여기저기 여행도 많이 다녔다. 사진은 스페인 여행 때 찍은 것.

하며 살면서 여행을 상으로 준다고 생각한다. 추억을 만들어주는 상.

영국 사람들이 긴 여행길에 오르면 으레 아이들과 하는 놀이가 있다.

I spy with my little eye something beginning with… C!

운율을 맞추느라 spy, my, eye와 something, beginning이 들어간 영어 문장인데, 어색하지만 해석을 하자면 '나는 C로 시작하는 무언가를 내 조그만 눈으로 보고 있지요' 다. 질문을 들은 사람들은 주변에 있는 사물들을 보면서 Car? Carrot? Carpet?하면서 답을 추측하고, 문제를 낸 사람은 '내 문제 답은 Carpet' 이라고 얘기해준다.

셋이서 차를 타고 가다 지겨워지면 하게 되는 이 놀이. 내 차례가 되었을 때다.

"I spy with my little eye something beginning with… B!"

두 남자는 동시에 주저함 없이 외쳤다.

"방구!"

우리는 이러고 산다.

한국어를 해서 나쁠 때

"선생님은 집에서 유원이랑 한국말 하세요?"

"Do you speak Korean with Euon <u>in your place</u>?"

'in your place' 하면 보통 '너희 집'을 말한다. 'at home' 이랑 같이 쓴다.

"되도록이면 그렇게 하려고 하지. 근데 영어를 반드시 해야만 될 때도 있어."

"As much as I can, but there are times when I have to speak English."

"언젠데요?"

"When?"

"나만 억울할 때가 있거든."

"Because I found it is not FAIR on me!"

"억울하다니요?"

"What do you mean by that?"

"예를 들면 이런 거지. 유원이가 한국어로 물이 마시고 싶다고 하던가, 배가 고프다고 할 때. 냉장고로 가야하는 사람이 누구겠냐. 그 말을 알아들은 사람, 나지. 처음에는 그냥 그런가 부다 했는데 자꾸 할수록 억울해지는 거야. 그래서 요즘은 유원이한테 그래. 유원아, 그런 말을 할 때는 영어로 해도 돼. 그런 말은 아빠가 알아들어야 되거든. 다시 영어로 해봐."

refrigerator를 줄여서 fridge라고 하는데, 이건 냉장고를 의미한다. 냉동고는 freezer라고 한다.

여학생들이라 그런지, 내 맘을 백 번 이해한다는 듯한 얼굴 표정을 지어 보인다.

한국어를 가르치면서 유독 나만 일이 많아지기 시작했다. 아이들이 어릴 때 부모와 하는 대화는 대부분 뭔가를 요구하고, 그걸 들어주는 일이기 때문이다.

'뭐야 이거, 난 이런 걸 원한 게 아니라고! 흠, 이럴 수야 없지.'

유원이가 나한테 와서

"엄마 쉬 마려"하면,

"Do you want a wee-wee?"

라고 하면서 유원이 말을 영어로 바꿔 외쳤다.

"엄마 졸려"하면,

하면서, 당신 아들이 이런 말을 하고 있는데 어쩌실 건가요? 그런 얼굴로 필을 쳐다봤다.

눈치 100단에 잔머리 200단인 마누라와 그만큼 살았으면 눈치비스름한 뭐라도 좀 생길만도 하건만, 내가 볼 때 필은 눈치라는 유전인자가 태어나면서부터 아예 삭제되어 재생이 안 되는 사람이다. 그래서 유원이한테 돌려 말하는 걸로는 내 말이 전달이 안 되서 결국,

"유원이 화장실 좀 데리고 가줘." 혹은

"Take him to the toilet, please."

"유원이 좀 데리고 가서 재워."

"Can you take him to bed, please?"

라는 말까지 해야 상황 종료가 된다. 학교에서 하루 종일 영어로 떠들며 아이들과 씨름하다 집에 오면 나는 한국어건 영어건 입도 떼기 싫을 정도로 피곤한 날이 있다. 그냥 남자 둘이서 한국 사람인 나 무시하고 영어로만 쏙닥거리며 알아서 먹고, 알아서 자주면 내 인생이 얼마나 흐뭇할까나.

◇◇ 억울해, 불공평해?

영국 아이들이 가장 잘 하는 말이 "억울해, 그러면 불공평해!It`s not fair!"이다. 유원이도 이 말을 자주 해서 '아니 요녀석이 영국 산다고 이 말을 이렇게 자주하네' 했었다. 이 말은 공평하지 않다며 따질 때 나오는 말. 영국의 학교 시험이나 사회제도를 보면 '이렇게 하면 모든 사람에게 공평한fair 것인가, 억울한 경우는 생기지 않는가' 란 생각을 많이 하면서 제도를 만들었구나, 느끼게 된다. 하루 만에 모든 과목 시험을 보고, 그날 아프기라도 하면 그야말로 tough!관련 설명은 p236인 시험은 영국에 있을 수 없다.

끝이 없는 방구, 똥 이야기

우리 집에는 우리 집에서만 통하는 언어가 있다. 한국어 '문장' 을 전혀 구사하지 못하는 필이, 유원이와 나 사이에서 반복되는 단어를 몇 개 주워 듣고 영어에 섞어 쓰기 때문이다. 수준도 딱 유원이 수준. 유원이가 크면 지구상에서 사라질 언어들이 가끔은 나를 웃게 만든다.

"어디서 똥냄새 난다."

"It smells very <u>ddongy</u>."

필은 '똥' 이라는 단어를 엄청 좋아한다. 발음 그 자체로 모든 게 표현되는 것 같단다. 영어처럼 욕으로 들리지도 않고, 어린아이스러운 것이 정겹다나 뭐라나.

> 똥(ddong)에다 y를 붙여 형용사화 했다. 필은 된소리 나는 쌍디귿 발음을 전혀 못하는데, 그나마 노력을 한다는 게 d를 두 개 붙여서 좀 강하게 읽는다고 할까. 아무튼 우리 집에서는 '똥' 스펠링을 이렇게 쓴다. '똥' 이란 의미의 영어 단어는 우리랑은 다르게 아주 심한 욕이라 절대 쓰면 안 된다. 에스s, 에이취h, 아이i, 티t이다.

"유원아, 너네 엄마 방구 끼고 있니?"

"Is your mummy <u>banguling</u>?"

"난 방구보이 아니에요. 아빠가 똥 아저씨예요."

"I am not a bangu boy and you are a ddong man."

아들과 아버지가 나누는 방구, 똥 얘기는 끝이 없다.

이런 식으로 단어 변형을 시키다 보니 유원이도 곧잘 흉내를 낸다.

유원이가 꽤 어렸을 때였다. 궁금한 게 많으시기도 하지, 시장 봐온 것 중에서 김밥 사진이 있는 튜브형 와사비를 발견하더니 기여코 포장을 뜯어 보셔야겠단다. 상자를 뜯었는데 알록달록한 김밥은 안 나오고 치약 같은 녹색 튜브가 나오니까 황당했던지 그 치약 뚜껑까지 죽어도 열어야 되겠다고 고집을 부렸다.

'짜식, 그래 어디 와사비 냄새 확 올라와서 울어봐라.'

하고는 뚜껑을 열어 냄새를 맡게 됐더니 이러는 거였다.

"김밥 냄새 나는구나!"

"It smells <u>gimbappy</u>!"

와사비에서 무슨 김밥 냄새가 난다고 참나, 우길 걸 우겨야지. 김밥이라는 걸 열어서 증명해 보이고 싶었는데, 김밥이 안 나오니까 고집을 부렸던 게 머쓱했던지 "It smells gimbappy!"라고 해서 혼자 슬며시 웃었더랬다.

◇◇ **형용사** 만들기

∷ 명사에 **-y**를 붙여 형용사를 만드는 단어들이 많다. 몇 가지 예를 살펴보면 다음과 같다.

- It smells <u>fishy</u>. 생선비린내가 난다. 'Something smells fishy' 하면 '뭔가 수상하다'
  는 뜻

- It smells <u>yucky</u>. 역겨운 냄새가 난다.

- I feel very <u>lucky</u> today. 오늘 매우 운이 좋은 것 같다.

- It looks <u>tricky</u>. 좀 어려워 보인다.

- It looks <u>scary</u>. 무서워 보인다.

∷ ~ing형, p.p형, ~y형의 형용사 가운데 유독 헷갈리는 단어들이 있다. 나 역시 알면서도 회화 중에 자꾸 틀렸던 말이 bored, boring과 scared, scary였다.

- I am <u>bored</u>. 아, 심심하다.

- He is <u>boring</u>. 그 남자는 참 재미없고 지루하다.

- I am <u>scared</u>. 무서워!

- He is <u>scary</u>. 그는 무서운 사람이다.

03 아저씨 온다

아주 오래전 일이다. 눈에 보이는 건 무조건 입으로 가져가고 보는 때였으니까 유원이가 상당히 어렸을 때다.

필 엄마까지 모시고 모처럼 외식을 하러 나갔다. 밥을 코로 먹었는지 입으로 먹었는지, 아님 먹긴 먹은 건지 헷갈릴 정도로 정신없는 식사시간을 보내던 초짜 엄마 시절. 아니나 다를까 유원이는 국적불명의 소리를 내면서 우리 테이블 주변을 소란스럽게 했고, 포크를 들고는 탁자를 드럼 삼아 두들겼다. 아직 언어를 이해하지 못하기에 '대화'라는 것이 통하지 않던 암울의 시기였다.

근사한 저녁을 먹기 위해 일부러 비싼 돈 들고 외식 나온 사람들을 방해할 수는 없는 일.

"유원아, 저기 아저씨 온다. 아저씨 이놈 하러 오네!"

하면서 유원이를 어떻게 좀 해보려는 순간.

"The man is coming, Euon. Look, the man is coming!"

라고 마치 내가 한 말을 알아들은 사람처럼 필 엄마가 말하는 게 아닌가.

그 문장을 듣는 순간 나는 그야말로 소스라치게 놀랐었다.

'어머, 영어로도 이럴 때 이렇게 말하네?'

학구파 마누라가 뭔가를 발견하면 짓는 음흉한 웃음을 눈치 챈 필이 묻기에 설명해 주었더니 필이 그런다.

"우리 엄마가 잘하는 말이 또 있지."

"There is another one."

"경찰아저씨 온다!"

"The Policeman's coming!"

"그것두 한국에서 잘 쓰는 말인데!"

"Wow, we say exactly the same in Korean!"

아저씨가 오네, 경찰이 오네 등 영어, 한국어 동시다발로 협박을 했어도 유원이는 호랑이와 곶감 이야기의 주인공이라도 된 듯 '나는 곶감이나 가져오면 모를까 그런 말에는 절대 속지 않네' 하면서 모처럼의 단란한 외식을 방해했다.

◇◇ 아이들에게 필요한 **식당 예절**

언젠가 라디오에서 들은 얘기다. 식당 예절에 관한 한 청취자의 사연이었다. 그 청취자는 꽤 고급 식당에 갔던 적이 있었는데, 한 부잣집 사모님처럼 보이는 엄마와 아이들이 식당에 와서는 주위 모든 사람들이 불쾌할 정도로 심하게 장난을 치더라는 것이다. 그런데도 엄마는 "아이고, 참, 아이들이란Oh, kids…… they are just kids." 하며 전혀 제재를 안 하길래 누군가 식당 매니저를 불렀다. 저 가족이 내 식사에 방해가 되니 해결을 해달라고. 매니저가 정중히 얘기해서 그 가족을 식당에서 내쫓았단다. 필은 그 얘기를 들으며 당연히 그렇게 내쫓아야 되는 거라고 했다. 과연 한국에서도 그럴 수 있을까 혼자 생각했던 적이 있다.

'예의' 얘기가 나온 김에 첨가하자면 학교에서 선생님한테 아주 무례하게 굴고 대드는 아이들이 있을 때 쓰는 단어가 있다. 자주 쓰고 싶지 않은 단어인데 슬프게도 하루에 한 번은 꼭 쓰게 된다. 식당에서 예의 없이 굴 때도 당연히 쓸 수 있는 말이다.

- She was very rude!
- They were very rude!

04

핸즈 크리스챤 앤더슨은 누구?

나는 가끔 정신줄을 놓을 때가 있다. 정신 깜박깜박하는 전형적인 아줌마가 되가는 자연스런 현상이겠지만, 살기 위한 본능이라고 애써 주장해 본다. 살기 위한 본능이라 함은, 한국어처럼 술술 나오지 않는 영어를 종일 하고 집에 오면입만 있으면 먹지 않고도 하루 종일 재밌게 놀 수 있는 수다 아줌마가 한국어로 수다를 못 떠니 그 답답함이 오죽하겠냐고! 잠시 정신줄을 놓기라도 해야 뇌에서 에너지가 재생될 시간이 생기지 않겠냐 하는 나만의 이론이랄까, 핑계이다.

"우리 방학 때 놀러갈까?"

"Shall we go somewhere during the school holiday?"

"가고 싶으면."

"If you want."

이 나의 첫 대응.

"어디 갈까?"

"Where do you want to go?"

"아무데나."

"I don't mind."

우리의 대화는 주로 이런 식이다. 이래도 흥, 저래도 흥인 마누라의 "아무데나"라는 대답을 듣고 필이 제안한 곳은 덴마크, 코펜하겐이었다.

어디를 가면 죽어도 이건 먹어봐야 하고, 죽어도 이러이러한 곳은 봐야 한다는 '악착같은 정신'이 결여된 필과 나는 이런 면에선 아주 찰떡궁합이다. 휴가는 휴가이어야 하지 극기훈련이 아니라는. 티켓이며 호텔이며 필이 다 예약을 한다고 했겠다, 나는 여행에 관한한 완전히 정신줄을 놓아버리고 비행기에 몸을 실었다. 정신줄을 너무 놓은 건지 몸살까지 걸린 채.

"내가 인터넷에서 우리가 갈 만한 곳을 좀 찾아봤는데, 왜 있잖아. 덴마크 출신 유명한 동화 작가. 그 사람과 관련된 곳이 좀 유명하고."

"동화작가 누구?"

정신줄을 놓고 있던 내 뇌가 막 가동되면서 제일 먼저 생각난 사람은 '불행히도' 이솝이었다.

"그 외, 핸즈 크리스챤 앤더슨Hands Christian Andersen이라고."

"누구? 나는 그런 사람 전혀 못 들어 봤는데, 정말 유명한 사람이야? 이솝은 딴 나라 사람인가."

하면서 나는 다시 정신줄을 놓고 잠을 청했다.

코펜하겐에 도착, 걸어만 다니는 게 유원이한테 너무 지겨운 일인 거 같아 배를 타기로 했다. 가이드가 다행히 영어로도 안내방송을 해주었다. 반쯤 정신줄을 놓고는 들었다 말았다 하다가 배에서 내렸다.

배 뒤쪽으로 보이는 곳 어디쯤에 안데르센이 살았던 집이 있었다. 내가 핸즈 크리스챤 앤더슨을 모른다고 하자 딱 이런 표정을 지으며 나를 쳐다봤던 유원이.

"아까 지나칠 때 핸즈 크리스챤 앤더슨 집이라고 한 데 봤어?"

"아니, 그 소리 못 들었는데. 글쎄 그러니까 그 복잡한 이름의 사람이 도대체 누구야. 아는 사람이래야 들어도 기억이 되지, 나 원 참."

하는데, 유원이가 옆에서 그것도 못 외우냐는 톤으로 반복을 한다.

"핸즈 크리스챤 앤더슨!"

'아이고, 그래 너 잘났다, 너는 영어 이름이라 금방 외운다 그거지? 이 어미는 처음 듣는 이름은 스펠링을 눈으로 보고 뇌에 입력하는 과정을 거쳐야 외워지지 너처럼 소리만 한 번 듣고는 금방 외워지지 않는단 말이야!'

하면서 속으로 씩씩 거리고 있는데, 유원이가 마지막에 '앤더슨' 이라고 외쳤던 이름이 갑자기 쓰나미보다 더 큰 물결을 일으키며 내 뇌를 강타했다.

'아!'

안데르센 동상 앞에서. 폼도 다 안 잡았는데 이렇게 사진 찍어 놓는 사람은 도대체 뭐하자는 건지.

'이 두 명의 영국 남자가 내 앞에서 외치는 앤더슨이 바로 안데르센이구나!'

왕자님을 향한 안타까운 사랑을 했던 인어공주가 쓰나미 바다 물결 속에서 튀어 올라 자신보다 더 안쓰러운 아줌마도 다 보겠다는 듯 나를 쳐다보았다.

'안.데.르.센!'

쇼팽이나 바하는 발음이 얼추 비슷하기라도 하지, 앤더슨이 안데르센이라니. 앤더슨이라는 말만 듣지 않았어도, 나 혼자서 '아, 내가 안데르센의 동네에 왔구나' 인어공주 동상을 보며 생각했을 것이다. 핸즈 크리스챤 어찌구 하는 이름은 꽉 막힌 하수도처럼 내 뇌에 박혀 내 생각의 흐름을 막고 있었던 게다.

"유원아, 앤더슨이 아니고 안데르센이야. 아마 덴마크 식으로 발음하면 안데르센일걸? 안데르센이 오리지널 발음이다. 알겠지? 한국가면 엄마가 안데르센의 인어공주 책 사서 읽어주마!"

꽉 막힌 하수도를 머릿속에 넣고 있었던 게 괜히 억울했던 나는 앤더슨이
아니라 안데르센이 맞다고 우기며 유원이 손을 잡고 뚜벅뚜벅 앞서 걸었다.

◇◇ **영국의** 유명 **작가들**

:: 영국의 유명 작가들을 살펴보면 셰익스피어 말고도 찰스 디킨스〈올리버 트위스트〉, 〈크리스마스 캐롤〉, 제인 오스틴〈오만과 편견〉, 코난 도일〈셜록 홈즈〉, 샬롯 브론테, 에밀리 브론테 자매, 헤밍웨이 등이 있다. 물론《해리포터》작가인 제이케이 롤링도 빼놓을 수 없고. 필이 대뜸 얘기한 이니드 블라이튼Enid Blyton은 나는 한 번도 들어보지 못했는데, 어린이 이야기대표작〈노디Noddy〉작가로 영국에서 꽤 유명하다고 한다.

:: 우리나라에서 흔히 부르는 이름들이지만 실제 발음과는 많은 차이가 있는 단어들을 모았다. 한글로 표현하기 어렵지만 근접하게 써본다.

- Bach바하 : 바흐
- Beethoven베토벤 : 베이트호븐
- Vincent van Gogh반 고흐 : 빈센트 밴 고프
- Berlin베를린 : 버얼린
- Belgium벨기에 : 벨쥼
- Stockholm스톡홀름 : 스톡홈
- Prague프라하 : 프라그
- Milan밀라노 : 밀랜
- Frankfurt프랑크푸르트 : 프랭퍼트

05

뺑뺑이 운전 연습은 괴로워

선생을 하기로 마음먹고 제일 먼저 한 일이 혼자 영어로 수학을 다시 공부하는 거였다면 두 번째 한 일은 운전이었다. 대중교통이 잘 되어 있는 대도시에 살지 않으면 영국에서는 차 없이는 살기가 힘들다. 특히 유원이를 놀이방에 떨어뜨려 놓고 학교에 갔다가 다시 놀이방에 가서 유원이를 데리고 집에 가는 일은 내 차 없이는 불가능한 일이다.

한국에서 운전을 하기는 했었다. 처음에는 아빠 차 수동. 아빠 차기 때문에 내가 끌고 다닌 것도 아니고 그야말로 연습이나 한 거다. 그 다음은 오빠 차 오토. 이거 역시 오빠 차였기 때문에 서울 시내가 내 손 안에 있소이다, 그 정도로 자신있게 운전할 만큼 경력을 쌓은 건 아니었다. 결국 운전석에 7년을 앉아봤지만 나는 앉을 때마다 초보였다.

그리고 영국에 왔는데, 이건 또 뭔가. 차 다니는 길이며 운전석이 반대인 것까지는 참아주겠는데, 도로 시스템이 우리랑 영 다른 거다. 반듯반듯한 사거리는 눈을 씻고 봐야 가끔 있고, 라운드어바웃<u>roundabout</u>이 있다. 있어야 할 노란색 중앙선은 왜 가운데 있지 않고 길 가장자리에 있냐고. 필이랑 같이 차를 타고 가

면서 내가 지금 운전을 한다면 어디로 갈까 가끔 생각을 해보는데, 런던 중심가는 완전 미로다. 게다가 여자들에게 많다는 '운전 못하는 호르몬'이 어디서 그렇게 많이 분비가 되는 건지, 내가 생각해도 한심할 정도로 나는 운전을 못한다.

그런 내가 옛날에 운전해본 차라는 것만 믿고 중고로 액센트 수동을 샀다.

'까짓거, 3년 동안 설마 운전을 다 까먹었겠어? 다시 연습해보는 거지.'

사이 좋은 부부도 남편이 부인 운전 가르치다가 싸움이 난다던가.

"걱정하지마. 나 인내심 많은 거 알지?"

초보가 운전석에 앉으면 '운전'이라는 본연의 임무를 망각하고 '떠는 일'을 주로 하다 보니 귀도 먹고, 눈도 멀고, 뇌기능도 정지 되서 왼쪽 오른쪽도 구별을 못하는 법인데. 30년 살아 봐서 신호체계랑 지리도 좀 알면서 한국에서 떨었던 건, 떤 것도 아니었다. 영어로 떠들어대는 코쟁이를 옆에 앉히고 운전대를 잡으니 몸도 내 것이 아니요, 정신도 내 것이 아닌 게 되는 거다.

"여기, 여기! 이쪽, 이쪽! 아니, 이쪽 차선이라니까."

"이쪽 어디? 여기? 저기?"

"아니 이쪽!!"

"그러니까 그게 이쪽이냐구."

라운드어바웃은 이렇게 둥그런 둔덕이 가운데 있다. 오른편에 있는 차가 항상 먼저 갈 수 있는 우선권이 있다. 차들이 시계 방향으로 회전을 하면서 자기가 갈 길로 빠져나가면 된다.

"아니 여기라니까."

한국에서 아빠한테 운전 배울 때랑 어쩜 이리 똑같을까. 여기, 저기, 이쪽, 저쪽이라는 말. 생각하는 사람에 따라, 보는 사람 각도에 따라 차에 나란히 앉으면 다양한 해석이 가능한 법. This one, that one, here, there……, 영어로 하니 더 죽겠는 거다.

필 : "Pull over there."

나 : "What do you mean?" pull over가 뭐더라? 당기긴 뭘 당겨?

"무슨 말이야?"

필 : "Pull over here!"

나 : "You mean, stop the car here?"

　　　"뭐야, 여기에길 가장자리 세우라는 거야?"

필 : "Yes! Yes! Here."

　　　"그래! 그래! 여기."

나 : "Like this?"

　　　"이렇게?"

필 : "Yes, turn the steering wheel a bit more. Stop, stop! Are you sure you've driven a car before?"아니 그럼 면허증은 내가 불법으로 어디서 위조해 왔겠습니까?

　　　"그래그래, 핸들을 좀 더 돌리고. 그만, 그만! 차 운전해봤던 거 정말 맞는 거야?"

　　우리나라 말도 운전할 때나 쓰는 말들이 있듯이 영어도 그런 게 있는 법, 필이 무슨 말을 하면 그걸 머리로 '아, 이게 지금 그 말인가' 하고 한 번 새겨 생각을 하려니 당연 한 박자가 느릴 수밖에 없다. 따지고 봤을 때, '차 좀 저쪽으로 붙여봐Pull over there' 이런 말이 그게 되는 말이냐고. 붙이긴 뭘 붙여. 사람 잡기 딱 좋은 초보가 운전대를 잡고 한 박자까지 느리니, 필은 우리 아빠보다 더 답답해 죽는 거다.

　　운전사가 반 귀머거리인 것만 답답했겠는가? 신호등 앞에서.

　　"파란불 켜졌는데, 저게 나더러 가라는 거지?"

　　"그럼 여기 또 누구 있어?"

　　"나 이제 빨간불이니까 여기서 선다."

　　"거, 참. 한국은 빨간불이면 다른 의미가 또 있나보죠?"

우리나라 같으면 전혀 의심이 안가는 신호도 여기서는 저게 나를 위한 신호인가 다른 차선에 있는 차 신호인가 혹시나 몰라 확인하는 차원에서 내가 다시 묻는 거다.

필이 하는 말 해석해 들으랴, 내가 하고픈 말 영어로 대꾸하랴, 앞에 보고 운전하랴, 숙달되지 않은 기어 바꾸랴, 그 순간만큼은 차라리 혼자서 비행기를 조종하는 게 평화롭고 쉬운 일이었다.

"자 얼른 채비해. 나가게."

"오늘도 해야 돼?"하루 좀 쉬면 안 되나.

"하루라도 거르면 금방 안 는다니까."

"You mustn't skip a day or you won't improve!"

운전선생님이 퇴근하고 와서 저녁을 먹고 나야 생기는 운전 연습 시간. 우리나라는 조금만 나가도 상점들이 있어서 밤인데도 대낮보다 더 밝지만, 해가 떨어진 영국은 너무 어두워서 앞이 잘 안 보인다.

필 : "Take the second on your right."두 번째 골목 나오면 우회전해보라 그거지?

　　"두 번째 골목에서 우회전 해."

나 : "Where? I can't see it, where?"도대체 길이 어딨다고 우회전을 하라는 거야?

　　"어디? 안 보이는데, 어디?"

필 : "Here, right now! Never mind……, we've passed it, anyway. Can't you see?"지나치고 났을 때 그 황당한 얼굴이라니.

　　"여기, 지금이라고! 아니, 됐어 됐어. 이미 지났는데 뭘. 그게 정말 안 보여?"

나 : "I didn't see it."정말 안 보였다고!

“못 봤다구!”

필 : “Are you blind?”

“장님이야?”

나 : “I am not! But it is too dark.” 나 장님 아니거든요?

“장님은 무슨! 너무 어둡단 말야.”

필 : “Are you sure? What is the name……? I can't think of it. You know
a sort of disease…….”

“확실해? 그 뭐더라. 이름이 생각이 안 나네. 병 종류 중 하난데…….”

나 : “I know what you mean. I learned it in biology at school. The
disease you get if you don't eat lots of carrots. Lack of Vitamin A.”

“알어, 알어 무슨 말 하려는지. 생물시간에 배웠다고. 당근에 많이 들
어 있는 비타민A가 부족하면 걸리는 야맹증 말하려는 거!”

필 : “Maybe, you have that disease.”

“아무래도 그 병이 있는 거 같아.”

나 : “Oh, you shut up! Even my dad can't drive when it's this dark!” 한국
은 이렇게 깜깜하지 않다고!

“아, 시끄러. 우리 아빠도 이 정도로 깜깜하면 운전 못하겠다!”

아빠랑 연습할 때는 이렇게까지 입을 많이 쓸 일이 없었다. 이건 뭐, 영어
로 생물시간, 야맹증까지 들먹이며 입까지 운전에 한몫을 담당해야 하니. 당
시 유원이가 어려서 뒤에서 얌전히 카시트에 앉아 있었기에 망정이지, 지금
만큼 컸었으면 두 영국남자랑 말싸움 하느라 더 바빴을 것이다. 아빠랑 한통
속이 되서 이랬겠지.

"내가 운전해도 엄마보단 낫겠다."

"I am sure I can drive better than you, mummy!"

"자, 얼른 나가자."

밤만 되면 운전하기 무서워서 떨었던 나를 데리고 뺑뺑이를 돌렸던 필. 인내심 많다는 것만은 충분히 증명해 주었다.

◇◇ **운전** 영어는 **어려워**

:: 고속도로에 나가면 필이 자주 하는 말. "M25 주차장에 오신 걸 환영합니다! Welcome to the M25 car park!" 런던 근교를 둘러싸는 고속도로가 M25인데, 하도 자주 막혀서 별명이 car park란다. 런던을 가게 되면 꼭 거치게 되는 고속도로인데 막힌 적이 한두 번이 아니다. 차가 막힐라 치면 필이 한숨을 푹 쉬면서 "Welcome to the M25 car park!" 그런다.

:: 우리가 흔히 사용하지만 틀리거나 표현이 잘 떠오르지 않는 운전 관련 용어

• 백미러 : wing mirror

• 차 안에 있는 거울 : rear view mirror

• 깜박이 : indicator

• 주차장 : car park

• 1단 기어 넣어라 : Put it in first.

• 운전대를 끝까지 확 돌려라 : Turn the steering full lock.

• 왼쪽오른쪽으로 빠져라 : Bear left, right 완전 좌회전은 아니고 갈림길에서 옆으로 살짝 빠지게 될 때 쓰는 말

06

마이라 힌들리와 신창원

필과 나는 어쩔 수 없이 서로에게 '귀엽다'는 단어를 쓸 때가 있다. 적절한 단어가 없을 따름이지 결코 닭살이 아니라고, 이해를 '구걸' 하기 위해 설명을 덧붙여 본다.

어느 날 유원이한테 'rainbow' 가 '무지개' 라고 한국어로 가르쳐 주는데 옆에서 듣고 있다가 "지개 뭐?" 했던 필. 그러면서 '무지개' 하면 김치지개, 된장지개필은 '찌' 발음이 되지 않는다랑 엮이면서 음식이름 같은 생각이 든단다.

또 다른 날 유원이가 자다 깨서 나한테 와서는 오줌이 마렵다고 하길래 내가 "싸구와" 했더니, "자다가 왜 갑자기 사과를 찾아?" 했던 필. '싸' 와 '사' 를 구별해서 듣는 능력이 없는 필한테는 '싸구와' 가 '사과' 로 들린 거다. 이럴 때 딱히 찾아지는 형용사가 없으니 귀엽다고 할밖에. 내가 언젠가 셰익스피어 마을에 갔을 때 비틀즈 노래를 부르고 있는 사람을 보고 "저 노래, 저 사람이 지은 노래야 아니면 어떤 가수가 부른 노래야?" 라고 '무식한 질문' 을 하자 필은 얼굴이 뻘게지도록 웃으며 나 같은 '로맨스 빵점, 무드 빵점' 아줌마한테 귀엽다고 했었다. 뭔가를 배우는 단계에 있는, 잘 모르기 때문에 황당한 소리를 해서 어른이 보기에는 깨물어 먹고 싶을 만큼 귀엽고 순진무구한 아이들. 50년은 같이 산 부부처럼 덤덤한 아줌마, 아저씨니 깨물어 먹고 싶을 만큼 귀엽지는 않더라도, 가끔은 이런 아이들한테나 쓰는 '귀엽다'는 말을 조심스럽게 갖다 붙일 수밖에 없는 상황이 생기는 것이다.

한국에서 일할 때 구내식당에서 밥을 먹는데, 반찬으로 아주 조그만 조기구이가 나왔었다. 맛있게 먹으면서 무슨 생선이냐고 묻길래 '조기'라고 흘러가는 소리로 말해주었던 적이 있다.

다음 날인가 다른 한국 사람들과 있던 자리. 한 직원이 어색한 분위기를 좀 깨보고자 필에게 한국 음식 가운데 뭐를 좋아하냐고 물었다.

"I like 조기."

좋아하는 음식하면 비빔밥이나 갈비를 댈 거라 기대하고 물은 한국 직원은 한국말 '조기'를 알아듣지 못해서 '뭐 좋아한대요?'라고 다시 묻기까지 했다. 조기라는 말을 어제 가르쳐준 선생으로서 그 단어를 써먹으면서 복습해보겠다는 학생을 보는 마음은 사뭇 뿌듯했지만 불고기, 만두도 아니고 어제 먹은 조기를 대는데, 어찌 황당하면서 웃기지 않겠는가. 본인한테는 갈비나 조기나 똑같은 한국 음식이지만 듣는 우리한테 '조기'는 '좋아하는 음식'으로 결코 분리될 수 없는, '갈비'와는 격이 다른 음식이라는 걸 어떻게 설명하냐고. 갈치나 고등어도 아니고 하필이면 발음도 아이스러운 '조기'를 좋아한다 하니 나도 닭살이라 말하기 힘들지만 적절한 단어가 없고. 할 수 없지, '귀여웠다'고 하고 넘어간다.

한국에서 결혼식을 하고 영국으로 돌아오는 비행기 안이었다. 영국식 유머sick joke듣는 사람 입장에서는 기분이 나쁠 수도 있는 유머. 그렇지만 순전히 농담으로 들으면 재밌는 유머라고 할까를 특히 즐기는 필.

"은영이라고 하면 발음하기도 힘들고 해서 앞으로 사람들이 자기를 '양파onion' 라고 부를 텐데, 영어 이름을 하나 갖는 건 어때?"

"난 사람들이 양파라고 해도 그냥 은영으로 살 건데?"

" '마이라Myra' 라는 이름 어때? 좋지 않아? 중간 이름까지 해서 마이라 힌들리Myra Hindly."

"마이라? 그런 이름도 있어?"

"지금 엄마한테 가서, 내 영국 이름으로 마이라 힌들리 어떠냐고 한번 얘기해봐."

"You go to my mum now and ask her whether she likes 'Myra Hindly' for your English name."

건너편 쪽에 앉아 계시던 필 엄마한테 가서 말했다.

"필이 저더러 영어 이름을 하나 가지면 어떻겠냐고 하면서 '마이라' 를 얘기하는데, 그 이름 좋아요? 마이라 힌들리."

"Mum, Phil suggested that I have an English name, 'Myra Hindly'. What do you think? Do you like it?"

눈이 휘둥그레진 필 엄마.

"뭐라고? 큰일 날 소리!"

뒤에서 대화를 엿들으며 보고 있던 필과 눈이 마주친 필 엄마는 그제서야 상황을 파악하고서는 막 웃기 시작했다.

"아이고, 너무 귀여워."

왜 웃는지 모르고 그야말로 하늘에서 방금 내려온 천사처럼 순진무구하게 둘을 바라보던 나에게 필이 설명을 한다. 마이라 힌들리는 아주 오래전 아이들을 다섯 명이나 죽인, 당시에는 남자도 아닌 여자가 아이들을 그렇게 죽인다는 건 상상도 할 수 없는 일이었기에 '악녀'로 표현됐던 살인자라는 것이다. 그 여자 때문에 영국에서 '마이라'라는 이름은 사라졌다고 해도 과언이 아니라고.

상상해본다. 한국으로 가는 비행기 안.

"한국 사람들이 F발음을 못해서 '약pill'이라고 부르는데, 이 기회에 한국 이름을 한번 가져보지 그래?"

"어떤 이름?"

"신창원. 괜찮지 않아? 가서 우리 아빠한테 얘기해봐. 한국 이름으로 신창원 어떠냐구."

잠시 후.

"장인어른. 저 한국 이름으로 은영이가 신창원이라고 하라는데 괜찮습니까?"

나는 그래도 귀여운 천사였는데, 차마 필은 상상이 안 되네.

◇ sick joke는 영국식 유머!

영국식 유머는 'sick joke'라고 해서 듣는 사람 입장에서는 기분이 나쁠 수도 있지만 농담으로 들으면 재밌는 유머라고 할까. 내가 라디오에서 들은 얘기 가운데 기억에 남는 영국식 유머가 있다. 우리나라에서 뚱뚱한 사람에게 이런 소리를 했다면 난리가 났을 거다.

"야, 살 좀 빼라. 너 그래가지고 어떻게 할래. 하도 뚱뚱해서 지구 밖에서 봐도 보이겠다."

"You need to lose some weight. You are so FAT! You can be seen from out of space." 전형적인 sick joke다.

필 엄마가 유원이를 보면서 "이 담에 뭐가 될래? What would you like to be when you grow up?" 했을 때 필이 대뜸 한 말.

"한국피가 섞여서 캠브리지, 옥스포드 그런 데는 못 가니까 기대하지 마."

"They won't let him into Oxford or Cambridge because his Korean blood is not <u>bright</u> <u>enough</u>."

이런 식의 말들도 sick joke다. 어디가면 유원이랑 내 자랑을 하도 해서 창피할 지경인데 농담은 또 이런 식으로 하는 거다.

> · bright는 '빛이 밝다'고 할 때도 쓰지만, 머리가 좋고 영특하다고 할 때도 많이 쓴다. not bright enough는 거기에 갈 수 있을 만큼 '충분히 똑똑하지 못하다'는 의미.
> · enough도 생각보다 일상생활에 참 많이 쓰인다. That's not enough!(유원이가 장난감 사고 싶다고 할 때, '한 200원 있으면 되겠지?' 하면 대뜸 돌아올 수 있는 말, '돈 한참 모자라는 데!')
> It's not long <u>enough</u>.(길이가 좀 더 길어야 되는데 짧을 때)
> It's not big <u>enough</u>.(좀 더 큰 게 있어야 되는데 크기가 작을 때)

07

할 수 없지 뭐

나는 텔레비전이나 신문에 나오는 '부지런한 엄마' 들처럼 아이를 위해 계획적으로 하루를 살고, 아이에게 무엇이 가장 중요한지를 늘 고민하며, 5대 영양소를 생각하면서 식단을 준비하는 그런 '철인 3종 경기 금메달리스트 수퍼 엄마' 가 아니다. 굳이 등수를 매긴다면 중간 정도 갈까 싶은, 흔하고 평범한 보통 아줌마다. 밥하기 싫고, 청소하기 싫고, 빨래 널기 진짜 싫고, 시장보기 귀찮고……, 싫어도 해야 되는 게 그런 일들이지만 싫으면 정말 안 해버리는 그런 '인간' 아줌마.

유원이는 아직 한글을 읽지 못한다. 몇 번 가르치는 것을 시도해보긴 했는데, 시도에 그치고 말았다. 유원이에게 한글을 가르치라는 동생의 잔소리는 나의 의지를 5분 이상 불태우지 못했다. 나는 철인 3종 경기 금메달은 고사하고 관객으로서 경기를 구경할 만한 인내심조차 없는 거 같다.

"동생이 나한테 자꾸 한글을 가르치라고 잔소리를 하네?"

"한글은 읽기 쉬운데 무슨 걱정이야. 나도 한글은 읽을 수 있잖아. 뜻을 몰라 그렇지. 어차피 유원이가 크면 금방 읽을 수 있을 텐데."

"글을 알아야 책을 읽을 수 있고, 그래야 어휘가 는다고."

"하기 싫다는 유원이를 어떻게 붙잡아 놓고 가르칠 건데?"

"한국 아줌마들은 아이가 싫어해도 그 싫은 기분을 확 바꿔주는 획기적인 노하우가 있어서 뭘 가르치는지는 모르겠는데, 나는 그런 노하우도 없고 의지도 없어서 말이지. 그냥 본인이 하고 싶은 기분이 들 때 가르치면 되는 거 아니겠어? 공부가 아닌 놀이처럼 가르치기, 뭐 그런 게 있겠지만 난 그런 열정적인 엄마가 아니라서."

나도 동생 말이 맞는 건지, 아님 본인이 하고 싶을 때까지 기다리는 게 맞는 건지는 잘 모르겠다. 나는 하고 싶을 때 하는 것이 가장 효율이 높다는 주의인데, '성인'이 아닌 '아이'에게도 그 주의가 통할지. 어쩌면 나는 듣기만 해도 숨이 턱턱 막히는 한국의 교육열이 싫어서 사춘기 아이들의 '반항' 모드로 가고 있는지도 모르겠다. 그렇지만 나는 유원이가 언젠가는 본인 스스로 한글을 읽고 쓸 수 있게 공부하겠다는 생각을 가질 것이고 그래서 금방 한글을 깨우치게 될 거라는 확신은 있다. 어휘도 그때 늘리면 되는 것이지 꼭 지금 늘려야 인생이 행복해지는 것도 아니지 않는가.

어휘는 좀 달리더라도 나는 유원이가 한국어를 할 때면 참 예쁘고 흐뭇하다. 그것도 딱 맞는 순간에 정말 딱 맞는 말을 하면.

한국에 갔을 때, 동대문운동장역지금은 동대문역사문화공원역으로 바뀌었다에서 지하철을 갈아타려던 참이었다.

계단을 내려오는 동안 갈아탈 지하철이 떠나버렸다. 서둘러 내려왔는데 바로 눈앞에서 문이 닫혀버린 것이다.

"할 수 없지 뭐."

라고 체념한 듯 한마디 툭 던진 유원이. 그순간 그 말보다 더 적절한 말은 암만 생각해도 없었다.

"야, 유원이 한국말 진짜 잘한다! 이럴 때 '할 수 없지 뭐.' 그러는 건데. 그래, 할 수 없지 뭐. 유원아, 다음 지하철 기다리자."

너무나 일상적인 말이지만, 진짜 한국 아이처럼 이런 말들을 할 때면 나는 가슴이 뭉클해진다.

"엄마! 나 또 쏟았어. 빨리 닦아줘."

"에이구, 또 흘렸네."

"엄마, 이리 와봐. 나랑 놀아."

"엄마, 이거 정말 재밌다?"

"엄마, 나 주사 맞을 때 하나도 안 울었지?"

"엄마, 똥꼬 닦아줘."

무의식 중에 내가 방구를 뿡 꼈더니,

"헐!"아니 이런 말까지 언제 배운 거야?

가끔은 좀 안 맞는 말을 하는데 그래서 더 예쁠 때도 있다.

"엄마, 이거 써봐. 엄마 너무 예쁘다!"7살 먹어서 엄마한테 예쁘다고 하는 아들이 있을까나?

"엄마, 이 공룡 봐봐. 진짜 귀엽지? 이건 귀여운 공룡이야."7살 먹은 사내놈은 귀엽다는 말은 잘 안 하거든?

한국말로 귀염 떠는 아들놈 덕에 내 삶은 필보다 약간 더 행복한지도 모르겠다.

◇◇ '어떨 수 없지. 배째라고 해'는 영어로?

영어로 '할 수 없다'고 할 때, 약간은 좀 매몰찬 뜻으로 하는 말 'Tough!'가 있다. 대안은 전혀 없고, 그냥 있는 그대로 받아들이는 수밖에 없을 때 하는 말, Tough! 그나마 가장 비슷하게 번역을 하자면 "어쩔 수 없지. 배째라고 해." 정도랄까.

학교에서 전자계산기를 반드시 써야 되는 주제 수업이 있는 날. 반드시 전자계산기를 가져오라고 백 번도 더 얘기했는데 그냥 덜렁덜렁 온 아이. 전자계산기가 갑자기 고장이라도 났으면 고장난 거라도 들고 오라고, 그건 너의 잘못이 아니니 수학과에서 쓰는 전자계산기를 빌려주겠다고. 별 얘기를 다 했는데도 안 가져왔으면 그런다.

"Tough! 너가 안 가져온 거니까 전자계산기 없이 다 계산하고, 빨리 계산 못해서 못 푼 문제는 점심시간에 남들 다 쉴 때 와서 마저 풀어!"

"Tough! It's your fault. You forgot to bring your own calculator. If you can't finish all the questions quick enough, you will have to come back at lunch time to finish them off!"

소가 된 게으름뱅이

외국에 사는 죄로 한국에 가면 친구들이며 식구들한테 융성한 대접을 받는 나. 내가 영국에서 거지로 사는 것도 아닌데, 내 얼굴을 보면 '하늘에 뿌리고 온 비행기 값이 얼마냐' 생각이 먼저 드는 건지 어디 가서 밥만 먹었다 하면 지갑을 먼저 여는 그들한테 늘 미안하고 고맙다. 밥 값 다음으로 신세를 지는 게 선물. 한국어 열심히 가르치라고 유원이 책을 사준다.

지금 생각해보니 내가 유원이한테 가장 먼저 읽어준 책이 선물 받은 그림 책 '소가 된 게으름뱅이'와 '토끼와 자라'였다. 한국어로 아주 기본적인 대화만 가능하던 어린 유원이는 눈을 껌벅껌벅하며 그림을 열심히 보는 수준이었고, 한국어 대화를 지금까지 7년이나 지켜보고도 기본적인 대화가 '절대 불가능'한 필은 단란한 모자의 책보는 시간이 질투라도 났는지 어떻게 좀 끼어 보려고 했다.

"유원아, 한국어 책을 나더러 읽어 달라면 어떡해? 나는 까막눈이야."

똥인지 된장인지 구별을 못하던 유원이는 필한테도 소가 된 게으름뱅이 책을 내밀며 읽어달라고 했다.

"잘 봐. 여기 그림이 있으니까 얘기를 기억하는 건 어렵지 않을 거야. 내가 무슨 내용인지 가르쳐줄 테니까 유원이가 읽어달라고 하면 영어로 읽어주라고."

"Look, you can easily remember the story because there are lots of pictures in it. I will tell you the summery of the story so you read it in English to him when he asks."

며칠 후, 유원이가 내민 책을 받아 든 필은 '소가 된 게으름뱅이' 그림책을 보며 소설 한 편을 썼다.

'저렇게도 기억이 안 되나. 내가 얘기해줄 때 도대체 듣기나 한 거야? 소가 된 게으름뱅이가 무서운 할아버지한테 팔려갔다고 했지, 언제 옆집 아저씨네 집에 놀러갔다고 그랬냐고.'

'그림만 보고 얘기를 지어내는 자신이 무슨 신동이나 된 줄 아나. 자랑스러워 아들놈이랑 키득키득 웃는 모습이라니, 참 나.'

'토끼와 자라' 책을 읽어달라고 하며 오랜만에 놀러오신 필 엄마를 난감하게 만들었던 유원이는 이제 영국 사람들과는 반드시 영어를, 한국 사람들과는 반드시 한국어만 하니 시간은 참 빨리 간다.

작년이었다. 유러피언 랭귀지 데이European Language Day라고 해서 내가 있는 학교에서 행사를 했었는데, 유원이네 학교에서도 행사를 한다는 가정통신문이 왔다. 영어가 아닌 다른 나라 말을 할 줄 아는 학부모가 있다면 학교에 와서 아이들에게 동화책을 좀 읽어 달라는 내용이었다.

어린이 대공원에 갔는데, 유원이한테 '소가 된 게으름뱅이'를 읽어 주면서 같이 읽어 주었던 혹부리 영감 이야기 조각이 있어서 얼른 사진을 찍었다.

세상에는 다양한 언어가 있다는 걸 아이들에게 일깨워주고 싶다는 교장선생님의 취지였다. 언어특별학교인 우리학교와 유원이네 학교가 자매결연 비슷하게 되어 있는지라 학교에 양해를 구하고 유원이 학교에 한 시간 정도 방문을 했다. 유원이 반은 스페인어로 읽어주는 엄마가 왔다고 해서 4학년 반에 들어갔다.

"여러분, 내가 읽어줄 동화는 한국 동화예요. 그림이 있으니까 내용을 상상하면서 들어보도록 해요."

아이들은 신기한 듯 나를 쳐다보며 얘기를 들었다.

'에라 모르겠다, 내가 여기서 오버 연기를 한들 누가 알겠어. 이렇게라도 해야 아이들이 무슨 얘기인가 감이라도 잡지 줄줄 읽기만 해가지고야.'

아카데미 여우주연상에 빛나는 명연기를 펼쳤건만, 비디오가 아닌 몇 장의 그림만 보고 소가 된 게으름뱅이 이야기를 추측한다는 건 아무리 상상력이 풍부한 아이들이더라도 힘들어 보였다.

다시 그림책을 한 장 한 장 넘기며 영어로 해석을 해주니 아이들은 재밌다는 듯 고개를 끄덕끄덕했다. 담임선생님도 열심히 보시더니

"얘들아, 그림 스타일도 많이 다르지?"

"Year 4, the style of pictures is quite different, isn't it?"

"한국이 지도 상에 어디에 있는지 아는 사람?"

"Does anybody know where Korea is on the map?"

"이야기가 어떤 메시지를 주고 있을까?"

"What is the message this story gives to us?"

질문을 하시며 토론을 이끄셨다.

필한테 읽어주었을 때는 참 보람도 없더만, 내 품에 쏙 들어오던 유원이를 무릎에 앉히고 책을 읽어줬던 때가 생각나면서 나름 보람된 한 시간을 보냈던 날이었다.

◇◇ **아이들**이 모두 아는 **동화와 동요들**

:: 나도 아는 얘기인데 여기서도 많이 알고 있구나 한 이야기가 있다면 다음과 같다. 주로 아이들이 어릴 때 엄마, 아빠들이 읽어주어서 알게 되는 것 같다.

- **Little Red Riding Hood**

  빨간 두건 아가씨내가 수학시간에 이용하는 캐릭터일 정도로 모든 아이들이 잘 알고 있는 이야기. 빨간 두건 아가씨가 할머니 집에 가는데 늑대를 만났다는 그 얘기

- **Three Little Pigs**아기 돼지 삼형제

- **Jack and the Beanstalk**잭과 콩나무

:: 영국에서 우리나라 동요처럼 부르는 노래

- **Humpty Dumpty**

  영국 사람이라면 우리나라의 '송아지' 처럼 다 아는 험티 덤티노래 주인공 이름이 '험티 덤티'. 아주 단순한 노래이다.

- **Baa Baa Black Sheep**

  바바 블랙 쉽노래 주인공 이름이 '바바' 까만 양. 운율이 딱딱 떨어지는 단순한 노래이다.

- **Hickory, Dickory, Dock**

  히커리 딕커리 덕험티 덤티 같은 노래이다.

- **Pat a Cake, Pat a Cake**

  음도 없이 운율만 있는 노래 pat은 '살살 두들기다.' 해석을 하면 '케이크를 두드리다.'

• Row, Row, Row Your Boat

음이 리리리자로 끝나는 말은…… 개나리, 미나리, 보따리, 어쩌구, 유리 항아리 그 노래랑 똑같다해석을 하자면 '저어라, 저어라, 배를 저어라'.

• I'm a Little Teapot.

티 주전자가 주인공인 노래해석을 하면 '나는 작은 티 주전자'

• London Bridge

런던 브릿지런던 다리 끊어졌다, 끊어졌다……그 노래

• The Wheels on the Bus Go Round and Round.

한국 사람들이 꽤 알고 있을 만한 노래, 음을 들으면 '어, 그 노래구나' 할 거다 해석을 하면 '돌고도는 버스 바퀴'.

유원이를 울린 수영장 사건

어미를 닮아 겁도 많고 운동신경은 제로가 아니라 마이너스라고 할 만큼 '매력 없는 사내'로 자라나고 있는 아들놈.

유원이가 수영을 배우기 시작하고 세 번째 레슨쯤 될 때였다. 다행히도 본인이 얼마나 못하는지 자각하지 못하는 유원이는 나름 열심히 물장구를 치면서 마음만큼은 올림픽 꿈나무인 양 흡족해하며 수영을 배우던 참이었다.

30분간의 레슨이 끝나고 아이들이 물 밖으로 나왔는데, 올림픽 금메달이라도 딴 국가대표처럼 자랑스럽게 엄마 품에 안기던 때와는 다르게 유원이가 눈물이 그렁그렁해져서는 나에게 오는 것이었다. 이럴 때 엄마는 직감으로 알수 있다. 무슨 일이 벌어진 것임을.

유원이의 자존심을 생각해서 주변사람들이 모르도록 영어가 아닌 한국어로 물었다.

"유원아, 왜 그래. 혹시 수영장에다 오줌 쌌어? 그런 거야?"

대답도 없이 고개만 끄덕하는 유원이 눈에서 눈물이 뚝 떨어질 기세다. 평상시에는 오줌이 마려우면 아무 때고 화장실에 갈 수 있었지만, 레슨 중에 화장실을 가기가 난감했을 터.

"그랬구나. 괜찮아, 유원아. 엄마도 어릴 때 수영장에다 오줌 쌌어. 다른 사람들도 다 그래. 다음에는 선생님한테 말하고 화장실 가면 되지 뭐. 아빠한테도 물어봐라. 아마 아빠는 수영장에다 백 번도 더 오줌 쌌을 거다."

큰 범죄라도 저지른 것처럼 괴로운 표정의 유원이가 금세 얼굴이 환해졌다.

"뭐래? 왜 울려고 그런 거래?"

"Why did he cry?"

"수영장에다 오줌 싸서, 걱정되서 그랬대."

"He had a wee-wee in the pool so he was worried."

"그래서 뭐라고 그랬어?"

"So what did you say?"

"뭘 뭐래? 다른 사람들도 다 그러니까 걱정하지 말랬지. 다음부터는 선생님한테 말하고 화장실 가라고. 네 아빠는 아마 백 번도 더 쌌을 거라고 했지."

"What could I say? Don't worry, other people do the same thing. Next time, ask your teacher if you can go to the toilet. I am sure that your dad could have had a wee-wee in the pool more than a hundred times."

다음 날 9학년 아이들에게 퍼센트 수업을 시작하면서 이 얘기를 해주었다.

"솔직히, 너희들. 수영장에다 한 번도 오줌 안 싸본 사람 있으면 손들어 봐라. 한 번씩들은 다 싸봤잖아!"

"Honestly, put your hand up if you never had a wee-wee in a

swimming pool! You've done it at least once when you were younger."

"유원이가 오줌 쌌다고 하는데, 어미로서 무슨 말을 할 수 있겠냐. 엄마도 다 옛날에 해본 일이라고 하는 수밖에. 유원이가 수요일날 그 수영장에서 레슨 받거든? 그 날은 되도록이면 수영장들 가지 말아라."

했더니 아이들이 웃는다.

"근데, 유원이가 오줌 싼 거랑 퍼센트랑 무슨 관계예요?"

"What is the relationship between percentages and Euon's wee-wee, anyway?"

"어, 지난주에 배운 거 아직도 알고 있나 없나 물어보려구. 유원이가 오줌을 싸는 바람에 수영장 물이 0.1퍼센트 증가되어 총 5890리터가 되었다면, 원래는 얼마큼의 물이 있었던 걸까?"

"I just want to check whether you still remember what we learned last week. The amount of water in the swimming pool has increased by 0.1 percent because of Euon's wee-wee. If the current amount is 5890 litre, how much water was there originally?"

"아 물론, 내 아들놈이 그렇게까지 수영장 물을 오염시키지는 않았지만 그렇다 치고."

"Of course, he didn't pollute the pool as much as that!"

아직은 그래도 어린 나의 학생들은 선생님의 일상을 들으며 즐거워한다. 그리고 다른 언어를 할 줄 아는 것이 얼마나 재미있는 일인지 깨닫는다.

이렇게 살 수 있는 게 가끔은 참 스릴 있고 재밌다.

◇◇ 영국 사람들은 **수영이 기본!**

영국 사람들은 웬만하면 다 수영을 할 줄 안다. 내가 수영할 줄 모른다고 하니 다들 좀 의외라는 듯 쳐다보았다. 유원이 주변 친구들을 보면 다들 수영을 배우러 다니는데, 영국은 어릴 때 수영을 배우는 건 기본인 듯하다.

영국은 길어야 10분 정도 차를 타고 가면 갈 수 있는 스포츠센터가 동네별로 꼭 있다. 비만이 큰 문제가 되고 있는지라 운동을 적극 권장해서 저렴한 비용으로 할 수 있다. 유원이는 체육시간에 축구 외에도 하키, 럭비 같은 걸 한다. 일주일에 운동을 몇 시간 정도하는지 해마다 정부차원의 설문조사도 한다.

◇◇ **수영장** 가면 **꼭** 쓰는 **표현들**

자유형 crawl

배영 backstroke

평영 breaststroke

접영 butterfly

수영모 swimming hat

수경 swimming goggles

수영복 swimsuits 보통 여자 수영복, swimming trunks 남자 수영복

I just swallowed a mouthful of water. 방금 물 먹었다.

The water went right up my nose. 물이 코로 들어갔어.

> 우리가 알고 있는 자유형은 정확히 말하면 crawl swimming이다. 흔히 알고 있는 freestyle은 말 그대로 내가 자유롭게 수영을 해도 되는 것. 팔을 앞으로 번갈아 젓는 이 방법(crawl)이 가장 빠른 영법이기 때문에 자유형 종목에서 모든 선수들이 crawl('기다'의 뜻. 모양이 꼭 두 손으로 기는 것 같아서 그렇다고 한다) 영법을 쓰는 것이지, 말하자면 개헤엄을 자유형보다 더 빨리 할 수 있으면 freestyle 종목에서 개헤엄을 쳐도 뭐라 할 사람이 없다. 자유니까.

10

주먹 쥐고 숫자세기

참 아이러니하게도 내 직업은 수학선생인데, 제일 안 되는 게 암산이다. 일, 이, 삼, 사…… 하나, 둘, 셋을 30년 쓰고 산 내 머리는 여전히 영어 숫자를 거부하고 있다. 1000이 넘어가거나, 혹은 소수점 뒤로 3자리가 넘어가면 종이에 쓰지 않고는 절대로 계산이 안 된다. 머릿속에 숫자가 그려지지 않기 때문이다. '삼천이백오십삼' 이라고 누가 말하면 '삼천이백오십삼' 이 최소한 암산을 할 수 있을 시간만큼 머릿속에 살아있는데, 영어로 three thousand two hundred and fifty three 하면 fifty three를 다 읽기도 전에 '앞에 뭐라고 했더라?' 그러고 있는 거다.

"뭐라고?"

"Sorry, what did you say?"

"삼천이백오……."

"Three thousand two hundred and fif……."

"그렇게 말하지 말고, 숫자만 읽어봐라. three 뭐라고 했지?"

"No, not like that, just read out numbers, please."

"3, 2, 5, 3이요."

"three, two, five, three."

"아, 그러니까 훨 났네."

"That's better."

구구단도 한국어로 해야 빨리 생각이 난다는 나를 이해해주는 아이들은 이렇게 숫자를 또박또박 읽어준다. 구구단은 계산을 하면서 워낙 많이 쓰기 때문에 지금은 영어로 금방금방 되지만, 혼자서 복잡한 계산을 하다보면 여전히 한국어로 구구단을 외우고 있는 나를 발견한다. 모국어로 뼈 속에 새겨두고 쓰는 게 구구단인 거 같다.

구구단은 뼈 속에 새긴 거라 바꿀 수 없었지만, 나도 영국 사람들처럼 바뀐 게 있다. 바로 숫자 세는 방법. 단언컨대 99.99%의 한국인은 개수를 셀 때 엄지부터 꼽아 접기 시작해서 검지, 중지 이렇게 나간다.

한참 집수리를 하느라 치수를 재고 개수를 세고 그럴 때였다.

"그러니까 합판이 어디어디에 몇 개가 필요한 거지?"

하면서 필이 숫자를 세기 시작하는데, 일단 손바닥이 하늘을 보게 주먹부터 쥐었다가 엄지부터 피기 시작해서 검지, 중지를 피더니 원투쓰리, 그러는 거였다. 한번 넷을 해보라. 네 번째 손가락이 90도에서 머무르고 제대로 안 펴지거나, 펴진들 팔이 30도 정도 뒤틀리는 걸 경험하게 될 것이다.

"아니 지금 숫자를 어떻게 세는 거야? 참나, 저렇게 힘들게 세는 사람 처음 보겠네. 봐봐. 손을 일단 피고, 엄지부터 꼽기 시작하면 이렇게 잘 세지잖아?"

"뭘 어떻게 센다구?"

한 번도 그렇게 세본 적이 없댄다. 이럴 수가!

"봐봐. 넷을 셀 때, 얼마나 힘이 드십니까. 잘 펴지지도 않죠? 내 방법대로 해보라구요. 얼마나 편합니까."

그러고 나서 어린이 방송을 우연히 봤는데, 정말 하나같이 필처럼 숫자를 세는 거였다.

'어머, 별개 다 다르네.'

이젠 제법 소년티가 나는 유원이. 네 번째 손가락이 90도에 머무르는 그 불편한 방법으로 숫자를 센다. 그리고 나. 초등학교도 아니고 중고등학교인데 구구단도 모르고 오는 아이들이 있을까 싶지만, 여전히 손가락을 피며 구구단을 외우는 아이들이 있다. 손가락을 하나씩 피며,

7, 14, 21, 27.

이러면, '잠깐, 다시 해보자' 그러며 나도 손가락을 동원하게 된다.

그러며 문득 나 혼자, '어머' 했던 적이 있다. 엄지부터 꼽기 시작하는 그 편한 방법은 어디가고, 주먹을 일단 쥐고 보는 그 방법을 쓰고 있는 게 아닌가. 세는 방법까지 이 아이들과 같이 해야 구구단을 덜 헷갈려할까 하는 절박함 때문이었나.

◇◇ **곱하기,** 더하기, **빼기,** 나누기

'2곱하기 3은 6'을 영어로 표현하는 방법은 다음과 같이 여러가지이다.

• Two threes are six.

• Two times three is six.

• Two multiplied by three is six.

• Two lots of three bananas is six bananas. 바나나가 3개씩 두 뭉치가 있다면

　총 6개의 바나나어린아이들한테 곱하기의 개념을 설명한다면 이렇게 말할 수 있다.

그 외,

2더하기 3은 5

• Two plus three equals five.

• Two add three is five.

2빼기 1은 1

• Two minus one is one.

• Two take away one is one.

10나누기 2는 5

• Ten divided by two is five.

11

유원이가 설명하는
김치 만드는 방법

‘김치가 다이어트에 좋다’ 소리는 많이 들어보았다. 암 예방도 하고 장도 튼튼히 해준다고 했던가. 일본 운동선수가 우리나라 선수가 준 우정의 김치를 먹고 올림픽에서 금메달을 땄다는 기사도 어디선가 본 적이 있는 거 같다. 사스인지 조류독감도 예방을 한다던가, 치료를 한다던가. 아무튼 신비의 음식임에 틀림이 없다. 의학적으로 전혀 증명이 안 된 나의 엉뚱 이론을 여기다 하나 추가하자면, 김치는 장기간 ‘복용’을 못할 경우 우울증 내지는 신경성 장애를 유발하는 중독 성분도 가지고 있다.

똑같이 부리는 말썽인데 유독 유원이가 버거워지면서 보기 싫어졌을 때, 내가 왜 이럴까 생각해보니 김치 구경을 해본 지가 일주일이 넘어가고 있는 시점이었다. 냉장고를 열면 먹을 게 많은데도, ‘먹을 게 하나도 없네’ 하면서 문을 도로 닫게 되는 이상 행동 양식을 보였을 때, 내가 왜 이러지 생각해보면 고춧가루 둥둥 떠내려가는 싱크대에 서서 김치 그릇을 설거지 해본 지가 열흘

이 넘어가고 있는 시점이었다. 모든 일에 의욕이 없어지면서, 느리다 못해 정지하고 있는 것 같은 나라에 살고 있는 내 자신을 더 이상 컨트롤하기 힘들어졌을 때, 그 모든 죄가 필한테 있는 양 참아 놓은 짜증을 부리다가 수족에 힘이 빠지면서 눈물이 날 것 같은 마약 금단현상을 보였을 때, 다 먹어버린 김치통 바닥에 고인 시큼한 김치 국물 냄새나마 맡아본 지 3주가 넘어가고 있는 시점이었다.

내가 다른 나라에 가서 살게 되었다고 했을 때 사람들이 적어도 먹는 거 때문에 어떡하냐는 식의 걱정은 해주지 않았다. 워낙 아무거나 잘 먹는데다, 어찌 보면 한국 음식보다는 외국 음식을 더 즐기는 축이었기 때문이다. 심지어는 '빵 좋아하더니 빵 먹는 나라 가서 사네' 하면서 '경축'을 해 준 사람들도 많았다. 그런데 이게 웬일인가. '경축' 할 일이 아니었다. 김치에 '금단현상'을 유발하는 마약 성분이 있었던 걸 몰랐던 것이다.

저녁으로 이틀 연속 한국 음식이 아닌 걸 먹으면 "한국 음식은 언제 먹어?"라는 필. 짜파게티 끓여 먹을 때는 김치 없어도 군소리 안 하면서 신라면 끓여 먹을 때는 김치를 꼭 찾는다. 삼계탕 해달라고 조르는 게 하도 불쌍해서 삼계탕을 끓였더니 감격해서 "음, 음"하며 몇 숟갈 뜨던 필. 한국어를 할 줄 안다면 "이 맛이야" 소리까지 할 듯 하더니, "삼계탕은 그 네모난 뻘건 무랑 먹어야 제맛인데" 했었다. 내가 한국 남자랑 사는 건지 영국 남자랑 사는 건지 알 수가 없다.

매일 잘라놓은 김치만 먹다가 우리 엄마가 김치를 찢어 준 적이 있었는데옆에 있던 우리 아빠는 엄마를 쿡쿡 치며 '더럽게 손으로 찢는다고 싫어하면 어쩌려고 그걸 그렇게 찢어, 칼로 잘라오지' 그러며 속삭이셨다. 아직도 그렇게 사위를 모르시나. 그리고 알아듣지도 못하는데 뭐 속삭이기까지 그 김치 넘기자마자, "어, 찢어 먹는 김치가 더 맛있네" 했던 사람이다. 외국 사람이라면 15년 정도는 장기 복용을 해줘야 김치에 관해 그만큼 정확한 의견을 말할 수 있을 줄 알았는데, 5년 정도 꾸준히 먹어주니 그 정도 고견을 내놓을 수 있는 경지에 도달하더라.

그러니 내가 여기서 김치를 안 담궈 먹고 어떻게 살 수 있겠는가. 필 역시 어디서 주워들은 소리는 있어가지고 집에 김치가 없으면,

"아니, 주부가 어쩌자고 집에서 김치를 떨어트려?"

"What sort of housewife are you? We've run out of Kimchi!" 그러며 농담을 한다.

김치를 만드는 날. 나는 무슨 대단한 일이나 하는 양 엄살을 떨며 일을 한다. 사실 두 사람 먹을 김치 담그는 게 그리 큰일은 아닌데, '내가 바로 당신 때문에 이렇게 고생한다는 거 아십니까' 강조하고 싶어 유세를 떠는 거다. 참견쟁이 유원이 역시 빠지지 않는다.

"유원아, 엄마가 뭐하는지 알지? 김치 만드는 거야. 우리 유원이는 언제쯤 엄마랑 아빠처럼 김치 먹을래?"

"냄새가 지독해!"

"It stinks!"

"그래도 얼마나 맛있는데. 맛 없으면 아빠가 먹겠니?"

"But, it's absolutely delicious. Otherwise, daddy won't eat this!"

"그래도 안 먹어 볼 거야. 매워!"

"I don't want to try it though. And it's hot."

"그럼, 옆에서 엄마 좀 도와줘. 그리고 엄마는 만드는 과정을 설명하는 영

어가 잘 안 되니까 유원이가 가르쳐주면 되겠다.”

"You can help mummy, though. I am not good at explaining instructions in English. You can teach mummy!"

"Go and get the cabbage for me, please."

“배추 좀 이리 가져와봐.”

유원이가 나한테 강의랍시고 해준 영어 설명이다. 짜식이 영어 쫌 한다고 어찌나 잘난 척을 하는지, 내가 일부러 좀 많이 모른 척하면 기세가 등등해진다.

"Cut the cabbage in half." 반으로 자른다고 하는 말, 금방 생각 안 나는 영어 아닌가.

“배추를 반으로 자른다.”

"Then, cut the cabbage in smaller bite size pieces." 나는 귀찮은 포기 김치는 못 담아 먹는다구.

“그리고 나서 배추를 한입 크기로 더 자른다.”

"Soak the cabbage in salty water for about three hours." 절인다고 할 때 이렇게 하면 되는군.

“배추를 소금물에 세 시간 정도 절인다.”

"Peel <u>loads of</u> garlic. Mummy,

> loads of는 ‘많다’는 뜻으로 lots of처럼 쓸 수 있다.

why do you have to use so much garlic?" 마늘이 원래 무지하게 많이 들어간단다.

“마늘 껍질을 벗긴다. 엄마, 근데 이렇게 마늘을 많이 넣어야 되는 거야?”

"Grind up the garlic in a mixer."

“마늘을 믹서에 넣고 간다.”

"Wash the cabbage and drain it in a sieve. I will do it, I will do it, mummy." 근데 꼭 이런 걸 너가 해야겠니. 물 다 흘러서 부엌이 물바다가 됐잖냐.

"배추를 씻어 체에 받쳐 물기를 뺀다. 엄마, 내가 할게. 내가, 내가!"

"Mix all the ingredients together, the chilli powder, the garlic, the shredded spring onion and the fish sauce in a big bowl. Oh, this sauce smells!"젓갈 냄새가 좀 심하긴 하지.

"고춧가루, 마늘, 파 썬 것, 젓갈을 모두 섞는다. 으, 젓갈 냄새 무지 난다."

"Pour the cabbage into the bowl and mix it all together with your fingers."

"배추를 섞어 놓은 양념에 넣고 손으로 버무린다."

"Euon, you've never heard of the word, 'ferment'! Mummy knows that. We don't eat Kimchi as it is. We leave it out like this for a few days."

"유원아, 유원이는 발효시키는 건 영어로 모르지? 나는 아는데. 'ferment'라고 하는 거야. 김치는 금방 안 먹고 이렇게 며칠 두었다가 먹는 거거든."

"Ferment Kimchi for <u>a couple of</u> days. That means, leave it to stand in the kitchen."

"김치를 이틀 정도 발효시킨다. 즉, 이렇게 바깥에 김치통을 놓고 그냥 두는 거다."

유원이가 자기 손으로 김치를 담아 먹는 특급 신랑감으로 자라기를 바라는 건 꿈일까.

◇◇ 김치 못지않은 **발효 음식들**

영국에도 양파피클pickled onion, 오이피클pickled cucumber 혹은 gerkin 같은 저장 음식이 있는데 굉장히 시다. 필 엄마는 청어 피클pickled herring 혹은 roll mop 살만 포를 뜬 청어를 양파와 함께 피클처럼 만든 것을 가끔 드셨다. 그리고 김치 냄새가 지독하다고는 하지만, 치즈cheese 중에도 김치 못지않게 구린내 나는 치즈가 많다. 그러나 치즈를 좋아하는 사람이라면 냄새 심한 치즈가 진짜 치즈라고 말한다. 필 역시 이런 치즈를 즐기는데, 대표적인 치즈는 스틸튼Stilton, 록포Roquefort, 블루blue 치즈가 있다.

12

난 중국어도 할 줄 안다!

　여기 사람들은 우리가 영어를 언어가 아닌 장식이나 무늬 같은 느낌으로 쓰는 것과 마찬가지로 한자를 장식이나 무늬처럼 쓴다. 한자로 '월화수목금토일月火水木金土日'이 써 있는 식탁보, 거실 한 중앙이나 안방에 가로 세로 30센티미터 정도 크기의 '복福' 자를 붙여 놓은 집도 찾아볼 수 있다. 그 서체가 멋져 보이니까 한자를 장식으로 쓴 거다. 과자 봉지에도 한자를 쓴 게 있는데 우리나라 초코파이 박스에 있는 '정情' 자나 신라면에 있는 '신辛' 자처럼 멋드러져 보이질 않고 어째 엉성한 게 내 눈에는 '영 아니올시다' 다. 그나마 조금 아는 한자 실력으로 그런 것들을 읽어 보면 황당하고 웃긴 것들도 많았다. 우리가 고급스런 분위기를 낸다고 유럽풍이네 영국풍이네 하듯이 여기서는 동양적인 분위기를 낸답시고 부처님 얼굴상따로 부르는 말이 있는 것 같은데 생각이 안 나네이나 전신상을 집안의 장식물로 갖다 놓는 집들도 있다.

　이사 날짜가 맞지를 않아서 온 식구가 친구 집에서 며칠 신세를 지고 있을 때였다.

　"나랑 같이 좀 가줄 곳이 있는데, 괜찮지?"

　"You need to go somewhere with me. Is it okay?"

　"어딘데?"

　"Where?"

　"필이 자랑을 하더라구. 자기가 중국어도 할 줄 안다고."

　"Phil proudly said to me that you can speak Chinese."

　"내가 무슨 중국어를, 그냥 아주 쪼끔, 진짜 쪼끔 알아."

　"No, no, no way, I understand Chinese just a little bit, seriously, very little."

자기 이웃에 사는 사람이 중국 여행을 갔을 때 글씨 모양이 너무 맘에 들어서 사온 게 있는데 아무도 그 뜻을 모른다고, 해석을 좀 해 줄 수 있겠냐고, 나쁜 뜻이 담겨있는 글일까봐 걱정이 이만저만이 아니란다. 걱정이 이만저만이 아니면 안 걸어 놓으면 되겠구만, 그렇게 하기에는 그 글씨가 너무 좋았던 게다.

　'어, 나 잘 모르는데. 허긴 뭐, 그래봤자 가화만사성家和萬事成이나 수신제가치국평천하修身齊家治國平天下 수준이겠지. 집 '가家' 자랑 이룰 '성成' 자 있으면서 다섯 자면 '가화만사성家和萬事成' 이고, 나라 '국國' 자랑 화평할 '평平' 자 있으면서 아홉 자면 '수신제가치국평천하修身齊家治國平天下'지 뭐. 그것도 아니면 복 '복福' 자나 오래 살라는 목숨 '수壽' 자 정도 있을 거고. 돈 많이 벌으라는 재물 '재財' 도 있을지 모르는데 글자가 생각이 안 나네. 보면 알겠지.'

　하면서 운전면허 필기시험 본다는 기분으로 그 집에 갔다. 얼마나 애지중지하는지 한눈에 봐도 알 수가 있었다. 새로 싹 수리한 부엌 한가운데 벽에 깔끔하게 액자에 끼워서 걸어 놓고 있었다.

그런데, 이럴 수가!

내가 한자를 다 까먹어서 잘 모르긴 해도 일단 보면 '어, 이거 외워서 알았던 글자인데 모르겠네' 수준은 되는데, 생전 처음 보는 글자 같고, 도저히 그 뜻을 짐작할 수가 없었다. 다섯 자도, 아홉 자도 아닌 10개씩이나 되는 글자가 필의 실망하는 얼굴과 겹쳐졌다. 나의 예상 문제는 하나도 적중하지 않았다.

'한국에서 사왔으면 내가 알 텐데. 왜 하필 중국이야. 어머나, 자세히 보니 중국식 약어까지 섞여 있네.'

잘 모르겠다고, 그저 luck, health, money, happiness 그런 거에 관한 것이겠지 했는데 그런 글자가 없다고, 도저히 짐작이 되질 않는다고 했더니 굉장히 슬픈 표정이 됐다. '정말 나쁜 뜻인가 보네' 하는 표정을 하면서 그럼 저기 있는 빨갛고 네모난 건 뭐냐고 질문을 했다.

'으잉? 저건 낙관인데 저게 쓴 사람 사인이라는 것도 모른단 말이야?'

여기 이 글자는 쓴 년도와 달, 그 다음은 이름, 마지막 빨간 건 도장이라고, 당연히 알고 있을 줄 알고 설명을 안 해주었던 걸 설명해 주었더니 그것만 알아도 많이 안 거라고 다행이란다.

이래봬도 중학교 때 비록 벼락치기를 해서 시험을 본 거지만 반에서 혼자만 백 점 맞은 적도 있고 했던 내가, 몰라도 정말 이렇게 모를 수가 있나 싶어 다시 마음을 가다듬고 글자들을 찬찬히 보니 관직할 때 쓰는 '관官' 자와 머리 '두頭' 자가 눈에 들어왔다. 일단 집주인의 걱정을 좀 덜어줘야겠기에 저기 '관官' 자는 정계에 있는 사람들한테 붙여지는 글자이고, '두頭' 자도 우두머리, 보스, 그런 거에 쓰니까 나쁜 뜻은 아닐 거라고, 걱정하지 말라고 급한 불만 좀 꺼주었다.

"내가 인터넷에서 찾아보고 알려줄 테니 종이랑 펜 좀 줄래요?"

"Could you give me a pen and paper? I will let you know after I search on the Internet."

"종이는 여기 있고, 펜은 이런 볼펜밖에 없는데 괜찮아요?"

"Here is a piece of paper. And, is this pen okay?"

"아무거나 괜찮아요."

"Any pen is fine."

"어머, 중국어는 붓 같은 걸로만 쓰는 건 줄 알았는데 볼펜으로 써도 되나 봐요? 획이 굵고 얇은 거에 따라 뜻이 달라지고 그런 건 없나보죠?"

"Really? I thought they always use a special brush to write with. So it doesn't matter whether the character is thick or thin?"

황당! 한국 사람한테서는 도저히 나올 수 없는 귀여운 질문들. 문화의 차이와 알고 모름의 차이가 이렇게 크면서 재밌다.

액자 속에 담긴 글을 베껴 쓰면서,

"우리가 이사를 해서 인터넷 설치하고 어쩌고 하려면 3주는 있어야 되거든요. 그래도 괜찮겠어요?"

"You might need to wait for at least three weeks to get the answer. We are moving. As you know, the Internet won't be connected quickly."

"아, 10년도 기다렸는데 3주는 아무것도 아니죠!"

"Three weeks is nothing! We have waited for ten years!"

10년? 아니 10달도 아니고 10년이라고? 내가 잘못 들었나? 10년 동안 저 글자들을 쳐다보며 나쁜 뜻이면 어쩌나 떨면서 걸어 두었단 말인가! 한자를 전혀 모르는 사람으로서 액자에 써 있는 걸 베끼는 게 내가 사우디아리비아 말 베껴 그리는 것처럼 엄두가 안 나는 일이었겠지만 그렇다고 10년을 기다렸다 이 말이지. 주변에 중국 사람이 살지 않아서 물어볼 곳이 없었으면, 나 같으면 액자가 암만 커도 머리에 이고라도 런던 시내에 있는 차이나타운의 중국 식당에 가서 적당히 비싼 거 시켜 놓고 물어봤겠구만, 정말 대단한 영국 사람들이다. 하긴, 보기에 굉장히 조용조용하고 수줍음을 타는 성격 같았는데 투철한 아줌마 정신이 필요한 그런 일을 생각해 낼 수나 있었겠어. 나나 필처럼 진한 아줌마의 피가 흐르는 사람이나 할 수 있는 일이긴 하지.

누가 이런 걸 써서 외국인한테 팔았을까. 글씨체도 평범한 게 별로 특별한 것도 없어 보이는구만, 영국 사람 눈에는 이게 그렇게 예술품처럼 보이나. 차라리 초코파이 박스에 있는 큼지막한 '정情' 자를 오려서 걸어 놓으면 뜻도 좋고 멋있겠구먼. 중국 초등학생 정도 되는 애가 외국 사람들이 좋아한다는 거 알고 아무렇게나 써서 내다 판 거 아니야?

10년을 기다린 영국 이웃의 인내심에 경의를 표하며 이 성질 급한 아줌마는 백방으로 수소문을 해서 3일 만에 그 뜻을 알아냈다.

"알아보니까 나쁜 뜻은 아니에요. 더 이상 걱정하지 말고 맘 편하게 걸어두세요." 정신 깜박깜박하는 아줌마는 어느새 몇 년 전 일이라고 무슨 뜻이었는지 전혀 생각이 나질 않는다.

작년. 병가를 낸 수학선생님 대신으로 한 남자 선생님이 왔었다. 아이들이 가끔 나한테 중국어를 물어본다는 걸 알고는 질문을 했다.

"내가 조만간 `life and death` 라는 뜻의 중국어 문신을 할 건데요. 혹시 그 중국어 알아요?"

"I am going to have a tattoo with 'life and death' written in Chinese on my arm. Do you know how to write them?"

"알아요."

"Yes, of course!"

"좀 써 줄 수 있어요? 문신으로 엉뚱한 글자를 해놓을까봐 걱정이 돼서."

"Could you write it down for me. I am a bit worried if they get it wrong."

'고맙게도 이렇게 쉬운 걸 물어주네.'

"그 맘 내 알죠. 사실은 나, 수영장 가서 중국어 문신 보면서 많이 웃어요. 과연 저 남자는 저 문신이 무슨 뜻인지 알고 한 것일까 하면서."

"I fully understand your concern. When I go swimming, I accidently see tattoos on people's bodies. I always wonder if they know the real meaning. It is quite funny."

'生死'라고 써서 프린트를 해주니 그렇게 고마워할 수가 없었다. 나는 영국에서 가끔 3개 국어 능통자로 통한다. 찔리긴 하는데 기분은 가히 나쁘지 않다. 히히히.

◇◇ 중국어 **문신이** 인기

우리나라는 범죄자나 문신을 하는 것으로 인식이 되어 있지만, 영국은 문신이 아주 흔하다. 같이 일하는 여자 수학선생님 팔에 기하학적 무늬 문신이 있다고 하면 설명이 될까. 무늬 말고 글자로는 특히 중국어를 많이 하는 거 같다. 내가 아는 사람 중 하나가 팔에 아주 큰 중국어 문신이 있었는데, 내게 그 뜻을 물어본 적이 있다. 인터넷에서 그 뜻을 찾아봤는데 그 사람이 원하는 뜻이 전혀 아닌, 그저 보기에 멋있어 보이기만 하는 글자여서 "바빠서 못 찾아봤다고, 미안하다"고 거짓말까지 한 적도 있다. '사랑愛', '힘力', '기운氣' 글자가 들어간 문신을 본 적이 있다.

◇◇ '**문신**' 관련 **표현들**

Temporary tattoos 지워지는 문신

Geometric tattoos 기하학적 무늬 문신

I am going to have a tattoo. 나 이제 문신할 거야.

I want to get rid of my tattoo by laser. 나 레이저로 문신을 지우고 싶어.

13

영국식으로 밥 먹기

영국 사람들과 우리나라 사람들이 식사하는 걸 비교해보면 포크와 나이프, 숟가락과 젓가락 쓰는 거 말고 큰 차이점 하나를 발견할 수 있다. 우리나라는 밥이랑 반찬을 따로 담아서 각각의 다른 음식 맛을 즐기는데 영국은 모조리 한 접시에 담아서 섞은 맛을 즐긴다는 거다.

한때는 '돈 못 버는 선생' 하지 말고 한국 식당 차려서 갑부가 되지 그러냐 소리를 들을 만큼 요리를 즐기고 잘했다.

내 입까지 합해서 12명 정도를 초대한 날. 메뉴는 필의 조언을 많이 참고한다. 다음은 내가 고른 메뉴들이다.

- **멸치볶음**백여 마리가 넘는 생선을 한꺼번에 먹는 이 음식만큼 영국 사람들에게 특이하게 느껴지는 게 없다고, 필이 반드시 있어야 된다고 해서 메뉴에 넣었다.

- **시금치나물**여기 사람들은 거의 뭉개서 먹는 시금치를 아삭아삭 무쳐주니 굉장히 새로워한다.

- **김 넣은 계란말이**우리나라 손님상에는 잘 안 올라오는 반찬이지만 여기서는 일단 눈으로 기선

제압을 할 수 있어서 내가 자주 하는 음식이다.

- 야채부침개이거 싫어하는 영국 사람은 한 명도 못 보았다.

- 불고기매운 거 못 먹을까봐.

대충 이런 반찬들을 따로따로 그릇에 담아 정성스레 차려 냈는데, 먹기 직전에 한국 음식 먹는 법을 강의했어야 했다. 그냥 시작한 내가 잘못이다. 왜 난 항상 이런 문제들을 예상하지 못하는 걸까. 맵고 꼬리 꼬리한 냄새나는 김치는 오히려 생각보다 인기가 좋았고, 수백 마리의 아기 생선도 별 거부감들이 없었다.

죽 차려진 반찬들을 보더니만 반찬들을 밥공기에 죄다 합해서 대충 담은 후, 자기는 맛있게 먹는답시고 불고기랑 멸치볶음을 섞어서 입에 넣으려고 하는 거다. 내가 소리 안 지르고 기절만 안 했다 뿐이지 아찔 그 자체였다. 한국 음식은 그렇게 먹는 게 아니라 이렇게 밥 한 술 먹고 불고기 한 점 음미하고, 밥 한 술 먹고 멸치볶음 먹고, 중간 중간 김치 먹어 주고 이런 식으로 먹는 거라고 부랴부랴 짧은 강의를 해주었다.

피자 위에 치즈가루 뿌려먹듯 불고기에다 멸치볶음을 뿌려서 먹으라고 그랬냐고, 야채부침개 위에 김치를 그렇게 첨벙 올려놓으면 나는 어쩌란 말인가. 그럴 줄 알았으면 차라리 김치부침개를 했지 왜 오징어까지 넣은 야채부침개를 했겠냐고. 국방부에 전화해서 나는 한국의 맛있는 음식을 세계만방에 알리고자 굳은 사명감을 가지고 사는 아줌마인데, 어디 찌그러진 식판이라도 안 쓰는 거 있으면 좀 모아서 공수해달라고 했어야 했다. 그게 답인 거였다.

빌었다. 애원했다. 섞어 먹지 말아 달라고. 힘들게 만든 계란말이가 김치 국물에 빠져 허우적대고, 죽은 잔멸치들이 고기잡이 그물에 딸려 오듯 불고기에

너덜너덜 붙어있는 그 처참한 광경을 보고 있자니, 암만 내가 다 만들어서 정작 먹을 때는 입맛이 떨어졌다 해도 밥이 넘어가질 않았다. 그러냐고, 알았다고, 따로 먹겠다고 해놓구선 나중에 보면 또 그러고 먹고 있다. 버릇이 되서 자꾸 그렇게 먹는 거다. 어쩌겠는가 한 번 애원했으면 됐지 내가 밥상 앞에서 위협을 할 수도 없고, 통곡을 할 수도 없고, 일인 촛불 시위을 할 수도 없고. 포기하고 알아서 먹게 내버려두었다. 물론 다들 맛있다고 난리가 나기는 했다.

내가 영국 음식을 먹을 때는 반대다. 분명히 한 접시에 먹을 게 다 있기는 한데 나는 그걸 한국 음식 먹듯이 하나씩 먹는다는 거다. 지금은 많이 버릇이 바뀌긴 했는데 처음 먹을 때만 해도 이걸 도대체 무슨 맛에 먹는 거야 그러면서 삶은 당근 찍어 먹고, 데친 브로콜리 잘라 먹고, 구운 치킨 좀 발라 먹고, 이런 식으로 먹었다. 필이 그렇게 먹지 말고 포크 하나에 치킨도 살짝 찍고, 당근도 찍고, 감자도 찍고, 브로콜리도 좀 찍고 이런 식으로 해서 한입에 넣으라고 강의를 해주었다. 접시 안에서 이거저거 찍으려니 귀찮기도 하고 자꾸 전에 찍은 게 빠지고 그러는데, 영국 사람들 먹는 걸 보면 정말 야무지게 조금조금씩 찍어서 잘도 먹는다. 아무튼 그래서 나는 접시에 담긴 걸 먹다 보면 나중에는 감자만 남는다던가, 야채만 남는다던가 해서 마지막은 그냥 누룽지 긁어먹듯 죽 훑어서 입에 넣어 버리는데, 영국 사람들은 다 먹기 직전 접시를 보면, 어떻게 먹을지 계획표라도 짜고 먹은 사람들처럼 감자 쪼끔, 치킨 쪼끔, 야채 쪼끔 이렇게 남아서 마지막까지 포크에 가지가지를 찍어서 한입에 쏙 넣는다.

서론이 심하게 길었다. 먹는 얘기하려니, 내 속을 무던히 끓인 영국 사람들이 생각나서 엉뚱한 푸념 좀 해보았다.

'한국 레스토랑 차려서 갑부가 되라' 는 덕담이 무색하게 근무태만 밥집 아줌마로 전락한 나. '먹기 위해' 사는 필과 나랑은 달리 유원이는 '살기 위해' 먹는다. 보고 있으면 저렇게도 먹기가 싫을까 싶다.

"어여 먹어. 음식이 다 식잖니." 다 식어 빠진 거 먹으려니 더 맛이 없지.

"Come on, the food is getting cold."

"똑바로 앉아." 먹기 싫어서 식탁에 엎드리기까지! 짜증이 안 날 수가 없다.

"Sit up properly."

"식탁에 바짝 앉아야 흘리질 않지!" 먹기 싫으니까 테이블에서 멀찍이 앉아 있다가 음식을 죄 흘린다.

"Sit closer to the table so that you don't drop any food."

"먹을 때 좀 섞어서 먹어봐. 그래야 더 맛있어."왜 음식을 좀 섞어서 먹지, 하나 다 먹고 그 다음 거 먹고 그러냐고. 그러니 맛이 없지. 계란프라이 다 먹고, 그 다음 맨밥. 아, 영국놈이 영국 사람들처럼 섞어 먹지 왜 맨밥을 먹어!

"Why don't you mix your food together? It will taste a lot better."

물론 내 음식에 정성이 없어서 그런 거라는 건 잘 안다. 몇 시간씩 공을 들여 끓인 갈비탕은 게 눈 감추듯 먹는다.

"엄마, 이거 무슨 냄새야? 냄새 진짜 좋다."뭘 해주어도 항상 시큰둥인 놈이 생전 처음 이 소리를 해서 굉장히 낯설었다.

"What's this smell, mummy? It's really nice."

"엄마가 갈비탕 끓이는 거야. 유원이가 좋아하잖아."

"I am making Galbitang. You like it, don't you?"

"봐볼게."

"뜨거워서 안 돼. 저리가."

기여코 의자를 끌어와서 솥 안까지 들여다보며 영어를 하던 유원이, 내가 계속 한국어로 물으니 자연스레 한국어로 답하기 시작한다.

"유원이 이거 많이 먹을 거지?"

"응. 근데 파는 빼고."

"갈비탕 냄새가 그렇게 좋아? 냄새 너무 좋다, 냄새 너무 좋다 그러게. 유원이 한국 갔을 때, 갈비탕 몇 번 먹었지?"

"많……이, 열 번."

"갈비탕이 그렇게 맛있어?"

"제일 맛있어."

"한국 음식, 영국 음식 다 합해도?"

"갈비탕이 제일 좋아."

어릴 때 파를 먹으려고 하면 입에서 도저히 넘어가질 않았던 생각에 암만 몸에 좋은 거라도 억지로 먹게는 하질 않았더니 점점 더 편식이 심해지는 거 같다. 그렇다고 매일 '편식 어린이를 위한 사랑이 듬뿍 담긴 엄마의 요리' 뭐 그런 걸 연구할 '표창장감' 엄마는 더더욱 아니고. 크면 나처럼 입맛이 달라지겠지 바래본다. 그나마 제일 좋아하는 음식이 영국 음식이 아니고 갈비탕이래서 별거 아닌데 은근히 기분은 좋다.

◇◇ **영국의** 대표 **음식**

:: 영국의 대표 음식을 꼽으라 하면 나는 피쉬 앤 칩스fish and chips를 꼽겠다. 영국 직원들이 한국에서 일하면서 가장 먹고 싶어한 음식이니까. 아주 바삭한 튀김옷을 입혀 튀긴 흰살 생선과 엄지손가락 굵기 정도로 잘라 튀긴 감자를 같이 먹는다. 또 다른 대표 음식은 로스트 디너roast dinner라는 것이 있는데 소고기, 돼지고기, 닭고기, 칠면조, 양고기 중 하나를 오븐에 구워 여러 야채와 함께 그래이비 소스gravy sauce를 뿌려 먹는다. 일요일 온 식구가 모이면 이 음식을 해먹는다고 할 정도로 영국의 대표 음식이다.

:: 아무거나 푹푹 잘 안 먹는 사람, 이런 사람이랑 같이 밥 먹으러 가면 진짜 적응이 안 된다. 뭐는 이래서 안 먹고 뭐는 저래서 안 먹고. 개인의 취향을 워낙 존중하다보니 한국보다 영국에 특히 이런 사람이 많은 것 같다. 이런 사람을 칭할 때 다음과 같은 표현을 쓴다.

- She is a picky eater.
- He is a fussy eater.

그 밖에 재밌는 표현을 살펴보면 다음과 같다.

- He eats strawberries until they come out of his ears. 딸기를 너무 좋아해서 딸기가 귀로 나올 때까지 먹는다 유원이가 딸기 귀신이라 필이 이 말을 자주 한다.

- Your eyes are bigger than your belly. 네 눈이 배보다 크구나 많이 먹을 수 있을 거 같아서 음식을 많이 시키거나, 많이 가져왔는데 배가 불러서 더 못 먹을 때 쓰는 말.

14 파티에 간 아줌마

한국 사람인 우리에게 있어 '파티'라는 단어는 어찌 보면 참 생소하다. 우리 부모님들은 텔레비전에서 본 것은 있으니까 영국에서 내가 파티에 간다고 하면 아카데미 상 타러 가는 여배우들처럼 잔뜩 멋내서 차려 입고 어디를 가는가보다 생각하신다.

'파티' 하면 말 그대로 모임인지라, 어떤 때는 그냥 청바지 입고 가볍게 밥 먹고 수다 떨러 가고대부분 이런 파티를 갔다, 어떤 때는 '이거 내가 너무 오버하는 거 아니야?' 걱정을 하며 차려 입고 간 적도 있고 그렇다.

결혼하고 여기 와서 처음으로 옷을 제대로 입고 가야 된다는 파티에 초대를 받았다. 필 회사에서 하는 크리스마스 파티였는데, 저녁 식사를 호텔에서 하고 그날 그 호텔에서 1박을 하도록 마련된 파티였다. '뭘 잠까지 재워주냐, 맛있는 거 먹여주었으면 됐지' 아줌마스런 생각을 처음에 했었는데, 가보니 파티라는 것이 결국은 다 둘러앉아 식사를 하고 나서 운전 걱정 없이 술을 마서야 하는지라 잠까지 재워주지 않고는 술 좋아하는 영국 사람들을 위한 파티를 할 수 없는 것이었다. 또 워낙 초대 받은 사람들이 영국 전역에 흩어져 살고 있어 당일로 집에 간다는 것도 무리였다. 파티복은커녕 스커트 하나 변변히 없던 나는 마침 한 벌 가지고 있던 생활한복의 저고리의 디자인 변형을 감행, 인기 좀 끌었었다.

그 다음해 크리스마스는 대비를 해야 할 것 같아서 한국에 갔을 때 좀 돌아다녀 보았다. '좀 예쁜 드레스 눈 한 번 딱 감고 영국에서 사 입지, 암만 아줌마라도 진짜 궁상이네' 라고 생각하는 사람이 있을까봐 말하는데, 이 작은 체구가 입을 수 있는 드레스를 사는 것 역시 쉬운 일이 아니다. 앞인지 뒤인지 분간이 안 되는 볼륨 없는 내 몸매에 내 키로 살 수 있는 예쁜 드레스가 영국엔 없다 이말이다!

동대문과 잠실 쪽을 다 뒤져 봤는데 마땅한 걸 찾기가 힘들었다. 기껏해야 소위말해 '나이트' 용 복장인지라 내가 그걸 영국에서 입으면 열댓 살 정도의 날라리로 보일 것 같았다. 쇼핑을 싫어하는 아줌마가 그것 좀 돌아다녔다고 다리가 완전히 풀려서 집에 들어갔는데.

"파티 때 입을 드레스 좀 사볼까 해서 돌아다녔는데 없더라구. 다리만 아파 죽겠네."

"어머, 그런 옷 천호동 시장 가면 많은데."

새언니가 말했다.

등잔 밑이 어둡다고, 5분만 가면 파는 곳이 있다는 거다. 밤에 주로 일하는 여성들이 입는 옷. 이제 시간이 없으니 천호동 시장에 가보잔다.

'어머, 천호동에 이런 옷 파는 곳이 있었네.'

자세히 보면 바느질도 엉성하고 싸 보이긴 하지만, 누가 내 옷만 쳐다보지도 않을 것이고, 하루 입고 말건데 어떠랴.

촌 아줌마가 드레스를 사 입는다는 소리에 잔뜩 기대를 했던 촌 식구들. 노출이 좀 적은 옷을 입어 보고 골라 왔더니.

"에게, 뭐야. 겨우 그거야? 과감한 걸로 바꿔와. 언제 또 그런 옷을 입어본다고. 딴 거 없어?"

'그래, 이왕 사 입는 건데, 한국에서라면 평생 살아도 못 입어 볼 디자인으로 사보자.'

하고 바꾸러 다시 가게에 갔다.

결국 용단을 내리고 산 건, 윗부분은 수영복처럼 끈이 달린 검은 드레스에 전체적으로 스팽글이 달려서 빛을 받으면 반짝거리고, 길이는 몸 전체를 감싸듯 발까지 떨어지면서 허벅지 조금 밑부터 단이 터 있어 걸으면 다리가 다 보이는 디자인이었다. 거금 '4만 원'을 주고 산 것이지만, 유명 연예인이 입으면 4천만 원은 되어 보이는 드레스. 신발은 큐빅 박힌 샌들을 사면 되겠지 했는데, 그때가 늦가을쯤이라 신발가게 아저씨가 예쁜 게 별로 없다고 하시면서 창고에서 겨우 하나 찾아가지고 나오신 걸로 만 원 주고 샀다. 촌 식구들의 찬사와 탄성에 힘입어 촌년 아줌마 으쓱해져서는,

'그래 뭐, 5만 원. 가서 못 입으면 필이 좋아하는 감자탕 한 번 사먹은 셈치지 뭐' 하고 짐을 쌌다.

크리스마스 날.

필 : "실례지만 뉘신지요?"

"Excuse me? Who are you?"

필 : "우리가 아는 사이던가요?"비웃지 말라구요. 나도 창피해 죽겠으니.

"Do I know you?"

나 : "어때? 바보처럼 보여?"

"What do you think? Do I look stupid?"

필 : "내가 어떻게 알아?"허긴, 아저씨가 뭘 알겠습니까. 물어보는 내 입만 아프지요.

"How do I know?"

나 : "미친 여자처럼 보이면 얼른 말해."한국에서 나 같은 아줌마가 이런 옷 입으면 미친

거 맞거든요.

"Tell me if I look silly or mad."

필 : "안 이상해. 걱정 마."

"You look all right. Don't worry."

필이 무슨 외국 영화에 나오는 사람처럼 "You are beautiful." 그런 말을 하는 사람이었으면 내가 결혼도 안 했을 테니 그런 문장을 필한테서 기대하는 건 무리!

내 제일 친한 친구 샐리는 옷을 입기 전before, 옷을 입은 후after 모델처럼 변신한 나를 보고 입을 다물지 못했고, 샐리 남편은 기념비적인 사건이라며 나와 같이 사진을 찍었다. 천호동에서 4만 원 주고 산 드레스의 막강파워를 실감하며 저녁을 먹고 난 후.

'아, 빨리 방에 가서 헐렁이 추리닝으로 갈아입으면 소원이 없겠네.'

술을 전혀 못한다는 아주 좋은 핑계를 대고 얼른 호텔방에 돌아와 넉넉한 헐렁이 추리닝을 입고 편한 단잠을 잤다. 너그럽게 얼핏 보면 10초 정도는 김태희 8촌 언니쯤으로 보이는 대변신은 성공으로 마무리되었다.

◇◇ 파티의 **드레스코드**

누구네 집에서 파티를 한다고 하면 나는 그냥 청바지에 윗도리 정도 말끔한 걸 입고 간다. 우리 집에 식사초대로 오는 영국 친구들은 남자들 같은 경우는 그냥 평상복, 여자들 같은 경우는 편한 원피스 정도를 입고 온다. 초대장도 오고 옷은 갖추어 입어야 한다고 미리 통보하는 정도의 파티면 남자들은 나비넥타이, 여자들은 대종상 영화제 가는 배우처럼 차리고 가도 된다. 음식은 친구 집 초대에 가는 거면 그냥 평소에 먹는 영국 음식과 디저트 정도를 먹는다 생각하면 되고, 화려한 파티는 때에 따라 하얀 식탁보가 덮인 큰 테이블에서 웨이터들이 서빙해주는 전채, 본요리, 디저트를 먹는 정도.

◇◇ **'파티'** 관련 **표현들**

I need to dress up for this party. 이번 파티에는 잘 차려입어야 된대.

I need to wear a black tie for this event. 나는 이번 이벤트 때 아주 제대로 갖추어 입어야 해 남자들이 나비넥타이를 매고 잘 차려입고 가야할 때 이렇게 말한다. 일반적으로 나비넥타이는 'bow tie' 이지만 이럴 때는 보통 'black tie' 라고 한다.

I like your dress. 옷 멋져요 'I like…….' 는 정말 많이 쓰는 표현이다.

Your dress is really nice. 드레스 멋져요 nice도 생각보다 굉장히 많이 쓰이는 단어. 일상 회화에서 멋지다고 할 때 'really nice' 라고 해도 충분한 칭찬이다.

Your dress is really pretty. 드레스 정말 예쁘다.

Your dress really suits you. 드레스 정말 잘 어울린다.

15

너 어디 갔다 왔니?

욕실에서 부지런히 칫솔질을 하고 있는데 유원이가 눈에 눈물이 가득해서는 올라왔다. 왜 그러냐고, 또 아빠랑 싸웠냐고 물어도 대답을 안 한다왜 늘 아들이랑 아빠는 숨이 넘어가도록 자지러지게 웃으며 잘 놀다가 결국은 싸우는 걸로 끝을 맞는 걸까.

"유원아, 왜 그래. 아빠랑 싸웠어?"

한눈에 봐도 딴에는 심하게 상처를 받았다는 액션이었다.

"유원이 왜 그러는 거야?"

"몰라. '아빠, 선거가 뭐야?Daddy, what is an election?' 하고 묻길래 '너 어디 갔다 왔니? 너 선거를 모른단 말이야!Where have you been? You don't know what's an election!' 한 거 밖에는 없는데."

"지금 그걸 말이라고 하십니까? 정말 그렇게 대답을 하셨다구요!"

"Are you serious? You answered like that?"

"왜, 뭐 잘못됐어?"

“What? What's wrong?”

“이 아저씨 좀 보게. 아들이 진지하게 선거가 뭐냐고 묻는데, 그동안 어디 갔다 왔냐고 하면서 면박을 준 거냐구요. 나 참 기가 막힙니다.”

“Look. Your son asked about an election because he wanted to know about it. And you said, where have you been? You made him feel so small and stupid. That's pathetic.”

“무슨 면박이야, 농담으로 그런 건데.”

“I was just kidding.”

선거 때문에 텔레비전을 켜기만 하면 ‘election’ 소리가 나왔을 때였다. 그러니 필 입장에서는 선거가 뭐냐고 묻는 사람은 어디 이름 모를 무인도에서 10년쯤 살다 나온 사람이니 ‘Where have you been?’ 한 거고, 선거가 어떻게 진행되는 건지 한 번도 본 적이 없는 유원이는 당연 궁금했을 것이다.

“농담도 농담 나름이지, 그게 아들을 키우는 아비로서 할 말이냐구요. 유원이가 뭘 물었는데, 아비라는 사람이 그렇게 반응을 하면 유원이는 앞으로 궁금한 게 있어도 절대 질문을 안 할 거라는 생각이 안 드십니까? 그렇게 사람 심리를 모르냐구요!”

“There is a time when you can have a joke and times when you can't. What you said is something you should never say to your son. Euon will never ever ask questions in the future because of your reaction. You don't know human psychology.”

“농담이었다니까.”

“그러니까 그게 7살짜리 아들이랑 통하는 농담이냐구요. 아저씨, 당신 아들은 17살이 아니라 7살이라구요. 내 직업이 뭡니까. 선생입니다. 아이들이 나한테 질문을 했는데, 내가 지난 시간에 배운 거랍시고 Where have you been? 하면 아이들이 어떻게 느끼겠습니까. 다시는 나한테 질문 안 한다구요. 아무리 바보처럼 느껴지는 질문이라도 학생들이 부끄러워하지 않고 자유롭게 질문을 할 수 있는 관계를 갖는 게 내가 가장 중요하게 생각하는 건데 정말 아저씨는 그렇게 아들한테 반응하셨다는 거지요?"

"아줌마, 진짜 농담이었다구요. ˙Where have you been? 한 다음에는 제대로 설명해주려고 했는데 쌩 올라가 버리대."

"이럴 때 쓸 수 있는 한국말 표현이 있지. 아저씨는 그렇게 똥오줌을 못 가리십니까?"

"There is a Korean saying in this case. We say, you can't tell ddong똥 from a wee-wee!"똥과 관

tell~ from~ 하면 '구별하다'는 뜻이다. 'I can't tell practise from practice.' 하면 '나는 practise와 practice를 구별 못한다.'의 뜻이다. 비싼 초콜릿과 좀 싼 초콜릿을 맛본 후 'I can't tell the difference.' 하면 '별 차이를 모르겠다'의 의미. 일상생활에서 아주 많이 쓰인다.

련된 얘기는 이제 하도 많이 들어서 이런 의미쯤은 다 알아듣는다.

거의 대학생처럼 대하며 수업을 하는 고3 수학시간. 내말에 수긍을 안 하고 농담만을 주장하던 필 생각이 나서 내 편을 구해 보고자 얘기를 시작했다.

"글쎄 유원이한테 ˙Where have you been? 그랬다는 거야."

내 말이 떨어지자마자 여학생 부회장이 말했다.

"어머, 저는 그러면 평생 질문 같은 거 안 할 거예요."

"그치그치? 내 말이 그 말이라니까. 너가 내 심정 알아주는구나. 어쩜 내가 딱 듣고 싶은 소리를 1초도 안 되서 말해주니."

너무 기뻐서 풀던 문제 내던지고 달려가 뽀뽀라도 해주고픈 심정이었다.

집에 와서 저녁을 먹으며 필한테 말했다.

"내 말이 떨어지기가 무섭게 베스가 뭐라고 한 줄 알아? 다시는 질문 안 할 거래. 아무리 궁금한 게 있어도."

"정말 그랬어?"

"어때, 내 말이 맞지? 아무리 무딘 남자라도 그렇지 좀 심한 거 아니냐구요. 병입니다, 병. 중병. 약도 없는 불치병."

"What do you think? I am right, aren't I? I know you are a man. But in your case, it is a disease, terminally, incurable disease!"

자존심이 심하게 상해서는 "아빠가 비웃었어! Daddy laughed at me!" 하며 굵은 눈물 방울을 뚝뚝 떨어뜨리던 유원이. 아비처럼 똥오줌 못 가리고 농담하는 사람으로 크지 않게 어미가 심혈을 기울여 키워줄게.

◇◇ 과거, **현재완료,** 미래는?

'Where have you been?' 은 문법책대로 따지자면 현재 완료 문장이다. 그동안 어디 '있어 왔냐' 는 의미기 때문에 우리말로 '어디 갔다 왔니?' 가 된다. 일상생활에서 아주 자주 쓰게 되는 문장이다. 과거 시제와 미래 시제도 예를 들어 살펴보면 다음과 같다. 단순히 '지난 주말에 어디 갔어?' 할 거면 'Where did you go last weekend?', '이번 주말에 어디 갈 거니?' 하면 'Where are you going this weekend?' 하면 된다.

16

아들과 비밀스런 대화를
할 수 있는 엄마

그 맛은 사실 짜릿하다. 엄격히 따지면 앞에 앉아 있는 사람들을 바보 만드는 거지만, 심지어는 아들의 아비까지 바보를 만드는 일이지만, 유원이와 나만 통하는 비밀 대화는 아무리 대화의 수준이 7살짜리 수준이어도 좋은 건 좋은 거다.

"유원아, 유원이가 만든 카드, 얼른 갖다 숨겨. 아빠가 보기 전에."

"어디다가 숨길까?"

"유원이 이불 밑에다 놓으면 아빠가 못 보겠지?"

"알았어. 얼른 숨기고 올게."

필은 유원이랑 내가 무슨 말을 하는지도 모르고, 컴퓨터만 들여다보고 있다. 아빠가 알아듣지 못하는 대화를, 아빠가 알아들으면 절대 안 되는 대화를, 아빠를 바로 옆에다 두고 할 수 있는 게 유원이도 기분이 좋은 눈치다.

가끔은 유원이가 나에게 속삭이며 한국어를 하기도 한다.

"엄마, 나 인터넷에서 장난감 좀 찾아봐도 돼?"

"쪼금만 보는 거야. 알지? 엄마가 시계 맞춰둘 거다."

책이라도 하나 더 보라고 아빠가 잔소리를 할 거 같은지 온갖 아양을 떨며 내게 얘기한다. 그 모습을 옆에서 보는 필은 우리에게 말한다.

"나는 알아듣지도 못하는데 뭘 속삭이기까지 하냐. 웃기는 모자일세."

"I don't understand what you two are talking about. So why do you need to whisper? Crazy mother and son!"

유원이가 어릴 때는 이런 용도로 한국어를 이용하기도 했었다.

슈퍼에 가서 장을 보는데, 불량식품 앞에서 떼를 쓰며 박박 우는 아이가 있을 경우, 그 아이에게는 미안한 얘기지만, 한국어로 유원이한테 이렇게 말했다.

"유원아, 저거 봐. 불량식품 사달라고 저렇게 운다. 저게 좋아 보이니, 어떠니? 아이고, 얼마나 시끄럽게 우는지 귀가 다 아프다. 유원이도 아프지? 유원이는 한 번도 저런 적 없는데. 저 아이 엄마 얼굴 좀 봐봐. 얼마나 슬퍼 보이니, 그치?"

올바른 교육법인지는 모르겠지만, 효과는 아주 좋았다. 사람들이 많은 공공장소에서 귀가 아프도록 울면서 떼를 쓰는 게 다른 사람들에게 얼마나 피해를 주는지, 그리고 엄마를 얼마나 슬프고 힘들게 하는지, 한국어로 나오는 적절한 실황 중계방송을 봤기 때문이 아닐까.

유원이가 한국어를 할 수 있다는 게 가장 요긴할 때는 필 엄마와 있을 때다. 치매가 점점 심해지시고 있는 필 엄마. 어린 유원이가 그런 상황을 어른스럽게 받아들이길 기대하는 건 아무래도 무리였다. 뽀뽀는 고사하고 할머니가 한 번만 안아보자고 하는데도 도망가기 일쑤였다. 좀 지나서는 좀 컸다고, 뭘 알긴 좀 아는 건지 억지로라도 뽀뽀도 하고 안아드리기도 했지만, 아주 어릴 때는 절대 뽀뽀를 하지 않았다. 왜 나한테 뽀뽀도 안 해주는지 모르겠다고 필 엄마가 섭섭해 하시면 유원이한테 그랬다.

"유원아, 오늘은 뽀뽀 좀 해라. 응?"

"싫어."

"오늘 유원이가 뽀뽀 두 번만 하면 엄마가 이따가 장난감 사줄게. 유원이가 갖고 싶다고 한 바쿠간 장난감."

"진짜?"

"엄마는 약속하면 꼭 지키는 거 알지?"

장난감 받을 생각에 억지로 하는 뽀뽀를 받고 필 엄마는 참 많이 좋아하셨다.

필 엄마를 찾아뵐 때 나도 견디기 힘들 정도로 냄새가 날 때가 있다. 그러면 얼른 유원이한테 한국어로 말한다. 바로 할머니를 코앞에 두고.

"유원아, 오늘은 냄새가 좀 심하지? 알아. 그래도 절대 할머니한테 냄새 난다고 하면 안 된다. 그럼 할머니가 슬퍼해. 좀 힘들어도 참아. 손으로 코 막고 그러지 말고. 쫌만 있으면 냄새 안 나."

유원이 준다고 어디서 찾았는지 유통기한이 훨씬 지난 빵이나 심지어는 당신이 드시는 약까지 먹으라고 내놓은 적도 있었다.

"유원아, 할머니가 뭐 먹으라고 주는 거는 절대 먹으면 안 돼. 알지? 주시면 그냥 받기만 해. 먹으면 큰일 나는 거야. 먹지 않는다고 약속해."

안타까운 상황이었지만, 유원이한테 한국어로 떠드는 나를 보며 필은 안도하는 눈빛을 보냈다.

'내 마누라가 이럴 때는 머리가 참 잘도 돌아가지.'

유원이가 크면 이해할 거라 믿는다. 왜 내가 한국어로 이렇게 할 수밖에 없었는지.

아들들은 크면 친구들만 좋다하고 엄마와는 소원해진다고 했던가. 우리끼리만 통하는 비밀 언어가 있는데, 아빠만 왕따시키고 둘만 역적모의 할 수 있는 재미가 얼마나 쏠쏠한데, 그런 끈끈한 동지애를 등지고 이 어미를 배신하면 유원이 너는, 도시락 폭탄을 들고 네 친구들에게 돌진하는 용감한 어미를 보게 될 것이다.

◇◇ crazy, mad는 '미쳤어!'

crazy미치다는 어떤 상황에 쓰느냐에 따라 부정적인 의미가 될 수도 있고, 여기서처럼 가벼운 의미도 될 수 있다. 앞집에 살던 이웃은 남편이 자기한테 crazy라는 말을 쓰면 엄청 싸울 정도로 그 말을 싫어한다고 말하곤 했었다.

crazy랑 같이 mad도 필과 내가 자주 쓰는 말이다. 다른 사람을 그렇게 표현하기는 좀 그렇지만, '내가 미쳤지, 미쳤어.' 식으로는 충분히 할 수 있는 말이기 때문이다. 집 천장 페인트 칠을 하는 날. 필이 머리로 페인트 떨어지면 잘 안 씻기니까 모자 같은 거 없냐고 했다. 뭘 써야 하나, 방에 가서 궁리 끝에 오래된 내 팬티 두 장을 엇갈려 쓰고 나갔더니 "내 마누라 미쳤어!My wife is mad!"라고 했었다. 그걸 뒤집어쓰고 천장 칠을 하는데 너무 힘들어서 "내가 뭐 하러 이렇게 사서 고생을 하나 대충 살지, 제 정신이 아니야, 미쳤어"하면서 "I am mad, we are mad." 소리를 열 번도 더 했다.

17
똥 묻은 개가
겨 묻은 개 나무란다고?

“아니, 아줌마, 지금 뭐 하시는 겁니까. 그렇게 시커먼 옷들이랑 흰옷을 같이 빨겠다는 겁니까?”

“왜?”

“내가 아무리 살림을 몰라도, 흰옷이랑 색깔 옷이랑 따로 빨아야 된다는 것쯤은 안다구요.”

세탁기에 옷을 집어넣으면서 ‘이게이게, 같이 빨면 안 되는데, 에이 몰라. 대충 살자 대충 살어’ 생각은 했어서 깨갱하고 아무 말도 안 했다.

비디오를 빌려 보면 영화 다 끝날 때쯤 되서 '어머, 나 이 영화 본 영화다' 그러는 사람이 이런 건 또 기억을 잘해서 만날 울궈 먹는다.

필 : "흰옷이랑 검정 옷도 같이 빠는 사람이 지금 누구한테 잔소리를 하십니까?"

"You can't say anything because you mix all the black and white washing together!"

나 : "아, 참. 도대체 그 소리 언제까지 하실 겁니까?"

"Here we go again. When are you going to stop talking about it?"

필 : "코 풀고 아무 데나 휴지 던져 놓는 사람이 하실 말씀은 아닌 거 같은데요."

"You left your dirty tissue everywhere. You can't moan about that!"

나 : "치우려고 했다고! 근데 까먹었지."

"I know, I know. I thought I would pick them up but I forgot!"

"신문은 꼭 보면 이렇게 소파 위에 모셔 두셔야 합니까? 사람이 좀 앉자구요. 나도 앉으려고 소파 산 거거든요? 내가 신문지만도 못합니까?"

"Excuse me! Do you have to put your newspaper on the sofa? Sofa was made for people, not newspapers. I bought my sofa to sit on. Do you think I am not as important as newspapers?"

필 : "아이고, 신문지보다야 아줌마가 더 중요하시지요. 지금 치웁니다, 치워."

나 : "아저씨, 방금 청소기 돌리신 건 아주 잘하셨는데요, 청소기가 이렇게 거실 중간에 떡하고 앉아 계시니 청소를 해도 청소한 표가 안 나네요."

필 : "치우려고 했다고! 근데 까먹었지."

같이 어지르고, 누가 더 많이 어지른다고 도토리 키 재기 토론 좀 하다가, 어쩌다 손님이라도 집에 와야 같이 치우는 우리 집.

필이 세탁기에서 젖은 옷들을 꺼내며 한마디 했다.

"뭐야, 이거!"

기껏 흰옷만 모아서 돌렸는데, 나중에 뺄 때 검정색 양말 한 짝이 같이 나오면 뱀이라도 나온 양 철렁했던 기억이 있어서전과가 있어서 필한테 또 들킬까봐, 힐끔 봤더니 그런 거였다.

"흰옷에 섞여서 검정 양말이라도 나왔나 보지?"

"거시기 묻은 개가 뭐 묻은 개 나무라십니까?"우리가 한국인 부부였다면 딱 이렇게 해석될 말.

"내 그 소리 할 줄 알았어. 주전자 까만 거 그거. 바가지 긁는 게 아니고 그냥 하는 말이라니깐요.”

“I knew you would say that! Kettle black something! It's just a statement. I am not moaning!”

“이 말 알고 있었어?”

“Did you know that? the pot calling the kettle black.”

“kettle 이랑 black 어쩌구 하는 말이 있다는 건 알고 있었지. 한국에도 이 상황이면 딱 나올 말이 있거든. 한국은 웬만한 속담 같은 건 전부 똥인 거 알지? 이것도 똥이야. ‘똥 묻은 개가 겨 묻은 개 나무란다.’ 한국 남자 같았으면 kettle 어쩌고 안 하고 그 말을 했겠지.”

“I knew there is an English saying with a kettle and black something. There is a Korean saying you can say exactly in this kind of situation. You know, most sayings are related to ddong똥. This is it. ‘The dog with ddong똥 on his face is telling off another dog with hay on his face.’ If you were a Korean husband, you would say that instead of kettle something.”

겨가 영어로 뭔지 몰라서 겨나 지푸라기나 똑같지 뭐, 싶어 이렇게 말했다.

필과 나는 너무 잘 안다. 똥 묻은 개끼리 싸우면 승자가 없다는 거.

똥 얘기를 하다보니 떠오르는 필과의 대화들이 있다. 사람이 살다 보면 더러운 말을 좀 해야 할 때도 있는 법. 인생이 매일 그렇게 깨끗할 수만 있는가.

하도 학생들이 속을 썩인 날, 학교를 옮겨볼까 푸념을 늘어놓았을 때.

“쓰레기차 피하려다 똥차에 치인다고, 옮기면 거기는 더 하겠지 뭐.”

“If you try to dodge a rubbish truck, you may be run over by ddong똥

truck."

뭔가 잘 안 됐고, 기분은 더러운데 결국은 그냥 잊어버리는 게 상책일 때.

"똥 밟았다고 생각해."

"Just think you walked on ddong똥."

생각만 해도 싫은 사람이 있는데 안 볼 수도, 싸울 수도 없는 상황. 결국 스스로 위로하는 차원에서 하는 말.

"똥이 무서워서 피하냐, 더러워서 피하지."

"I avoid ddong똥 not because I'm scared but because it's dirty."

내가 이런 엉성한 영어로 지어내서 개똥같이 설명해주면 필은 찰떡같이 알아들었다. 이렇게 외국인도 이해가 쏙쏙 되서 똥을 이용한 표현이 많은 거 아닐까?

런던아줌마의 Tip

◇◇ 「화장실 가도 되요?」

• 똥은 사실 말로 잘 하지 않는 단어인데 굳이 아이들이 쓰는 단어를 쓰자면 poo이고 소변은 wee-wee다.

∷ '화장실 가도 되요?'를 영어로 표현하면 다음과 같이 표현할 수 있다.

• Can I go to the toilet? 수업시간에 아이들이 자주 해서 열 받는 말.

• I want to go to the loo. 'loo'는 영국에서만 쓰는 말인데, 'I want to go to the toilet.' 보다 훨씬 많이 쓰인다. restroom은 미국식 영어이다.

18

Sugar, Sugar, Sugar를 외쳐라

사람이 살다 보면 정신건강을 위해 똥 들어가는 소리도 좀 해가며 마음을 다스려야 하고, 똥 정도 가지고는 도저히 인간의 정신건강이 지켜지지 않겠다 싶은 상황이 있기에 욕이라는 게 생겼을 것이다.

"언니, 그거 알아? 내가 학교 다니면서까지 한 번도 욕 같은 거 안 했거든? 근데 직장을 다니면서 내가 욕이란 걸 해봤어. 속이 부글부글 끓어서 혼자 걸어가면서 정말 쌍욕을 했다니까. 지나가던 사람들이 들었으면 내가 미친 여잔 줄 알았을 거야. 내가 욕을 이것밖에 모르나 싶어서 얼마나 답답하던지. 언니는 그런 직장 생활 안 하니 복 받은 거야."

아는 욕이 별로 없어서 답답한 적까지는 없었으니 나는 복 받은 사람인 거, 맞다. 그럼에도 가끔 귀여운 욕 정도는 내뱉고 싶을 때가 있는 법, 그때 쓸 수 있는 말이 바로 sugar다. 영어 스펠링이 그대로 책에 실리면 안 될 정도라 내가 한국어로 써야 하는 욕 '에스s, 에이취h, 아이i, 티t'. 휴 그란트가 영화에서 그 말 대신 "Sugar, Sugar, Sugar"하는 모습을 본 적이 있을 것이다. 진짜 욕을 하기는 뭐하고, 답답한 마음은 풀어야겠고, 얼추 비슷한 발음으로 시작되는 걸 찾은 게 sugar인 거 같다.

영국에는 앤티크를 취미로 모으고, 싸게 사서 비싸게 파는 사업을 하는 사람들이 꽤 있다. 필도 영국 사람인지라 우리 집에도 '본인 주장' 앤티크가 있었다. 경매 프로를 보니까 당장 갖다 버려도 시원찮은 물건들이 종종 놀랄 만한 가격이길래 나도 그게 뭔가 큰일을 낼 물건일 줄 알았다.

집수리할 때도 가장 깨끗하고 안전한 자리에 모셔 두었고, 유원이가 지저분한 손으로 만지려고 하면 혼도 내주고 하면서 고려청자라도 되는 양 벌벌 떨었다. 이삿짐 나를 때도 아저씨들한테 내가 유일하게 한마디 부탁을 드린 게 있으니, 바로 필 '본인 주장' 앤티크. "아저씨, 이것들이 보기엔 이래도 비싼 거래요. 살살이요, 살살" 그랬었다.

아주 오래전, 기억도 안 날 만큼 오래 전에 샀다는 빅토리아식 뭘 스타일 책상. 그 당시 200파운드 정도 준 거기 때문에 지금쯤이면 1000파운드, 우리 돈 2백만 원은 족히 넘을 거라 했다. 마찬가지로 아주 오래전에 사서 얼마인지조차 생각이 안 나지만 지금쯤이면 그 가치가 엄청날 거라고 강력히 주장했던 의자. 이것도 적어도 500파운드, 우리 돈 백만 원은 할 거라고 필은 장담을 했다.

모던스타일을 추구하는 우리 집 분위기랑은 잘 맞지 않고, 안 그래도 후져 보이는데 유원이가 자꾸 만져서 더 후지게 만들고, 또 집수리하느라 돈 쓸 곳도 많고 해서 영국판 고려청자와 조선백자를 팔기로 결정을 했는데.

경매하는 곳에 일단 가지고 가야 되는데 차에 안 들어갈 거 같다고 트럭을

내가 모셨던 고려청자 님과 조선백자 님. 앤티크가 하나의 산업인 영국. 그래서 고가구를 원형은 최대로 보존하면서 수리를 해주는 직업도 있다고 한다. 고려청자 님과 조선백자 님을 잘 수리해서 큰 경매장에 모시고 갔었으면 정말 필이 말한 가격을 받을 수도 있었다. 거짓말이 아니라 진짜 저 의자랑 비슷한 게 앤티크 가게에서 3백만 원 가격 붙은 것도 보았다. 슬펐다.

빌려야겠다고 했다. 운전사 빼고 반나절 빌리는 데 알아보니 15만 원을 달란다. 최소 3백만 원은 생길 텐데 까짓 15만 원 쓸까 하다가 필 차 안에 있는 의자를 다 떼어내니 그 분들이 다 들어가셔서 다행히 15만 원을 안 썼다. 그리고 예쁜 옷이라도 지어 입혀드려야 품위가 살아날 거 같아 2만 원짜리 가구 광택제로 멋을 내드린 그분들을 떠올리며 경매 날짜를 기다렸다. 궁금증이 많은 나, 그동안 내가 모신 고려청자와 조선백자가 얼마에 팔려 가시는지 배웅하고 싶었는데, 안타깝게도 필이 바빠서 가보지 못했다.

그리고 며칠 후 경매 결과가 집에 우편으로 왔다. 박물관에 모셔야 될 그분들을 필이 직접 차에 태워 경매장에 갔을 때, 거기 사람이 좋은 가격 받기 힘들 거라고, 기대하지 말라고 했다기에 그다지 기대하진 않았지만 그래도 내가

3년 동안 모시고 산 분들인데 설마 하고 편지를 뜯었다.

이것이, 이것이 꼴랑 80파운드16만 원 정도. 기억도 하기 힘든 옛날에 200파운드 주었다는 앤티크가 어찌 80파운드로 둔갑을 할 수 있단 말인가. 그나마 의자는 팔리지도 않았는데 다음 있는 경매에서 팔린다면 40파운드 정도 할 거란다.

이럴 수가! 3년 모신 나의 고려청자가 정녕 고려청자가 아니었단 말인가!고려청자인 게 맞기는 맞단다. 경매라는 것이 운이 나쁘면 정말 이렇게 될 수도 있다고.

최소 3백만 원이라고 강력히 주장했던 사람은 아무 말이 없었다. 한 명의 영국 남자와 한 명의 한국 여자는 그냥 그렇게, 그저 말 없이 15만 원 주고 트럭을 빌리지 않았다는 사실에 조용히 가슴을 쓸었다.

여기까지 상황 정도면 대충 '똥 들어가는 덕담'으로 마음을 추스르면 된다.

그러나 다시 며칠 후 편지가 또 왔다. 영국은 모든 일이 이렇게 편지로 이루어진다하긴 자기들도 사람인데 이런 양심 없는 얘기를 면전에 대놓고 할 수 있겠는가.

80파운드에 팔렸다는 고려청자 님. 경매 끝나면서 망치질 탕탕할 때 가격은 80파운드지만, 커미션이 19파운드요, 보험료영국은 뭐 뻑하면 보험이다가 빠져서 실수령액이 36파운드라는 것이다. 그것뿐인가. 팔려가지 못하신 조선백자 님은 '경매사의 시간을 뺏은 죄'영어로 그렇게 말하지는 않았으나 결국 조선백자 님은 이 죄를 지으신 거다가 있어 약 23파운드의 비용unsold charge를 내라는 설명까지 있었다.

이 정도 되면 '에스s' 들어가는 말 정도는 해줘야 정신이 건강해질 수 있다. 진자리, 마른자리 갈아 뉘며 내가 모신 고려청자 님, 조선백자 님을 모욕하고 학대한 그들을 향해 나는 큰소리로 외쳐야만 했다.

"Sugar, Sugar, Sugar!"

◇◇Oh my God보다는 Oh no

황당할 때, 놀랐을 때, 기막힐 때 한국 사람들이 말하곤 하는 'Oh my God'은 종교가 다른 사람들의 기분을 상하게 할 수 있다고 해서 잘 쓰지 않는다. 텔레비전에서는 여전히 흔하게 나오는 소리지만, 뭣 모르고 그 소리를 하는 유원이한테 쓰지 말라고 잔소리를 할 정도고, 나 역시 여러 인종의 학생들이 모여 있는 학교에서 절대 쓰지 않는다. 비슷하게 대신 쓰는 말로 Oh dear, Oh no, Oh my 정도가 있다.

19

영국 아줌마 다 됐다

영어에 'easygoing' 이라는 단어가 있다. 이래도 흥, 저래도 흥, 살다 보면 문제도 생기는 법이고, 실수도 하고 중요한 걸 까먹기도 하고 그러는 거지, 그냥 둥글둥글 살자 그런 생각으로 사는 사람을 'He is very easygoing.' 이라고 말한다.

믿거나 말거나인 얘기지만, 8년 동안 살면서 우리는 단 한 번도 결혼기념일을 챙기지 못했다.

"누구네 이번 주말에 결혼기념일라고 해서 만나기로 한 거 다음 주로 미뤘어."

"We are going to see them next week because it's their wedding anniversary this weekend."

"가만있어봐. 그 사람들, 우리 결혼하고 2주인가 있다가 결혼하지 않았어?"

거실에 보일러 깔고 마루 깔 때의 사진. 필이 집수리할 때면 기록에 남겨야 한다면서 사진을 찍었었는데 이렇게 써먹게 되는 날이 올 줄이야. 7년 전쯤 사진.

"Hang on a minute. They were married about two weeks after us. Do you remember?"

"어머, 그러고 보니 우리 결혼기념일 2주나 지났네."

"Oh, yes, saying that, our first anniversary was two weeks ago!"

이렇게 까먹기 시작한 결혼기념일. '뭐야, 이거, 올해도 또 까먹었잖아' 소리를 한 달도 더 지나 한 적도 있다. easygoing한 두 사람의 머리에는 당최 날짜가 입력이 안 되는 거다. 그뿐인가. 바람직한 정도를 넘는 easygoing에 '무드' 같은 닭살 돋는 단어 같은 건 취급을 안 하는 재미없는 우리.

집수리하느라 사다리 부여잡고, 풀 잔뜩 칠해진 도배지 잡은 적은 수없이 많지만 무드 같은 건 잡을 새가 없었다. 먼 길 오느라 시어버렸지만 그래도 꿀

맛인 한국산 열무김치를 양푼에 넣고 고추장, 참기름을 듬뿍 쳐서 뻘건 비빔밥을 1분 안에 만들면 5분 만에 양푼 바닥이 드러날 만큼 2개의 숟가락이 열심히 브레이크 댄스를 추는데 언제 블루스 같은 걸 댕길 분위기가 잡히겠나.

숟가락 놓으면 바로 톱질, 페인트 칠, 풀칠을 해야 되는 삶을 꽤 오래 살았다. 영국은 집수리가 삶의 일부다. 취미가 집수리고 휴가가 집수리. 텔레비전 프로가 집수리, 집수리 용품 가게로 산책을 가도 되는 나라.

"한국 아줌마들 중에 나처럼 집수리하는 아줌마 있으면 나와 보라고 해."

"이보세요, 아줌마. 지금 누구더러 한국 아줌마라고 하십니까? 아줌마만큼 집수리했으면, 당신 오리지널 영국 아줌마거든요?"

"무슨! 나는 영국 여권도 없는데!"

"여권 만들어 주는데 가서 그래. 이봐요, 제가요, 집 한 채 허름한 거 사서 싹 수리해서 팔았구요, 보일러도 두 번이나 깔아봤어요. 도배랑 접착시트 붙이는 기술은 따라올 자가 없구요, 장롱도 만들어 봤다구요. 제 아들놈은 B&Q 영국 집수리 가게에서 똥기저귀 갈다가 기고, 걷고, 뛰었다니까요? 그러면 당장 여권 만들어줄 걸?"

"싫어, 싫어. 나도 한국 아줌마들처럼 우아하게 살고 싶어. 집수리하느라 탕수육이랑 짬뽕 좀 시켜 먹으며 2주 정도 기다리면 집이 짜잔, 하고 변하는 거. 나도 그렇게 살고 싶다고!"

"아, 시끄러 죽겠네. 아줌마, 빨리 이거나 붙잡으라구요."

처음 집수리는 만만치 않았다. 한국에서 한 번도 해보지 않았다는 사실은 나의 탁월한 손재주와 디자인 감각으로 1초 만에 극복했지만, 언어가 문제였다.

"줄자 좀 이리 가져와봐." 줄자를 'tape measure' 라고 하는구면.

"Find the tape measure."

"내가 부를 테니 적어봐. 35인치."

"뭐야, 뭐가 인치라는 거야. 감이 안 오자나. 아저씨, 센티미터로 얘기해주세요. 나는 인치로 재면 정확하게 모른단 말입니다!"

나무판자를 사러 가서도 마찬가지였다.

"four foot by eight foot……."

"아, 거 참. foot인지 뭐시기인지 쓰지 말라니까요. 여기 센티미터 있잖습니까!"

"Oh, please, don't use foot! Look, they use centimetre here as well!"

집수리가 인생이고 취미인 필은 나무판자들의 사이즈를 영국식 단위로 척척 알고 있었고 나는 foot이라고 하면 전혀 감이 잡히질 않았다.

디자인 회의 중.

"그러니까 여기 문틀의 모양새는 말이지, 앞부분으로 이렇게 쪼금 나오게 하고, 뒤쪽 나무는 가려지게 해야 된다는 거지. 이쪽 부분은 각이 약간 졌으니까 나무를 덧대서……."

"Look at the door frame here. What I want is, this bit should come out, the other bit should be covered…… here……, it is a bit slanted so we put this piece over it……."

한국어로 해도 말하고 있는 본인이나 알 수 있는 생각을 영어로 필에게 설명하는 일은 서로에게 인내가 필요한 일이었다.

"수학선생님, 이리로 좀 와보시죠."

"여기 바닥 쪽 길이가 얼마고 높이가 얼만데, 이쪽 각도가 어떻게 되는지 계산 좀 해주시죠."

"탄젠트tangent 쓰면 금방 나오지. 길이가 얼마라고?"

지붕의 각도가 어떻게 될 건지 간단한 설계를 그린다는 사람 옆에 전자계산기를 들고 서서 싸인, 코싸인, 탄젠트 어쩌구 해가며 각도 계산을 해주는 똑똑한 아줌마!

필이 뭘 또 만든다고 대형 공사를 벌였을 때. 친구가 무거운 걸 붙잡아 준다고 도와주러 왔었다.

"필은 정말 제정신이 아니라니까요."어떻게 이런 일을 본인 혼자 하겠다고 벌려놓는 건지를 담은 문장 하나

"He is mad!"

라고 내가 말했을 때, 그는 말했다.

"난 모자를 경건히 그에게 벗어 보이겠어요."존경을 금할 길이 없다는 뜻

"I've got to say I take my hat off to him."

동생이랑 전화를 할 때였다.

"엄마가 그러더라. 늬 언니는 그냥 대충하고 살지 만날 그렇게 사서 고생을 하면서 수리를 하냐고. 그래서 언니, 내가 그랬어. 엄마, 영국의 마가렛 대처 수상 취미가 도배였대. 영국은 다 그렇게 사나봐. 냅둬. 그게 취미인 거지. 머리 복잡한 일 있으면 안방 도배하고, 건넌방 도배하고…… 나는 언니가 여태 어떻게 수리를 하며 살았는지 봐서 그런가, 대처 수상 취미가 도배라는 게 그렇게 가슴에 와닿더라."

허구한 날 부수고 헐고 뚝닥거리는 엄마, 아빠랑 사는 유원이. 망치, 드라이버 같은 공구쯤은 우습다. 필이 단순한 건 많이 가르치면서 같이 하기에 일등 신랑감으로 잘 크고 있다. 어느 날 집수리를 할 때였다. 유원이가 꽤 어려운 일이었는데도 불구하고 잘 해내자 필이 아주 흡족해했다. 그때 떠오른 말이 있었다. '이럴 때 한국에서는 이렇게 말하지. 밥값 한다고.' 이 말을 뭐라고 영어로 바꿔야 하나 생각하다가 "It was worth feeding him(해석을 하자면 밥 먹인 보람이 있다)."라고 했더니, 필이 "어머 정말 딱 맞는 말인 걸!(I like that!)"했다.

"대처 수상 취미가 나랑 똑같다니 기분 좋다, 야. 나는 하나 더 있다. 접착 시트 붙이는 거."

기념일 같은 거 나 몰라라 살고 있는 **easygoing**한 엄마 아빠를 둔 유원이가 이 다음에 커서 무드도 모르고, 부인한테 카드 보낼 줄도 모르는 빵점 남자로 크면 어쩌나 은근 걱정이 되는 건 사실이다. 집수리 잘하는 남편으로 커서 점수를 만회하는 게 유일한 방법인데 잘할 수 있을라나.

◇◇ **집수리는 일상**

영국은 인건비, 자재비가 너무 비싸기 때문에 웬만한 건 본인들이 수리를 하며 산다. 나뿐 아니라 나랑 비슷한 나이 또래의 다른 아줌마들을 보면 도배, 페인트칠은 물론이고 자기 집 화장실 타일도 직접 붙인다. 정원 쪽으로 집을 증축할 때는 남편이랑 아빠랑 셋이서 모래, 자갈, 시멘트를 사가다 콘크리트 공사도 직접 한다. 이런 공사 얘기를 하는 게 영국은 일상 대화다.

인건비, 자재비가 비싼 것도 그렇지만, 텔레비전의 영향도 아주 크다. 하루 텔레비전에 나오는 프로 중 한 개는 꼭 집과 관련된 프로일 정도인데, 보고 있으면 우리 집도 저렇게 고치면 좋겠구나 싶은 생각이 든다.

집수리 가게는 웬만한 도시에는 하나씩 꼭 있는데, 그 규모는 못 하나에서부터 양변기, 싱크대, 마루자재, 시멘트, 벽돌까지 다 한 곳에서 살 수 있을 만큼 방대하다. 집 한 채를 지을 수 있는 모든 재료를 한 곳에서 살 수 있다고 표현하면 딱 맞다. 친구들이 영국에 놀러 오면, 영국의 실상을 알아야 한다고 하면서 내가 꼭 데리고 가는 곳이 바로 집수리 가게이다. 영국 친구들은 필이랑 나더러 직장 다 접고 집수리 전문 업자로 나서지 그러냐는 소리까지 한다.

◇◇ **'집수리' 관련 표현들**

• **We are redecorating our house.** 우리는 집을 다시 수리하고 있다 이 말하면 사람들이 "또? 이번엔 뭘?" 그런다.

• **The toilet is blocked.** 변기가 막혔다.

- The boiler is out of order. 보일러가 고장났다.

- The hot water is not working. 온수가 안 나온다.

- The ceiling is leaking. 천장이 샌다.

- I am going to wallpaper the living room. 거실 도배를 할 거다내 전문.

- I am going to fit the carpet on the staircase. 계단에 카펫를 깔 거다필 전문.

- I am going to strip off the wallpaper from the wall. 도배지를 다 떼어낼 거다 내 전문. 영국에서는 오래된 도배지를 반드시 떼어내고 새 도배를 한다. 스팀으로 도배지 떼어내는 기계를 판다.

- I am going to change my bedroom door. 침실 문을 바꿀 거다문틀과 문을 바꾸는 일은 환상의 팀웍을 필요로 했던 일.

한번 들어가면 2시간은 우습게 시간을 보낼 수 있는 영국의 집수리 가게. 안에 카페까지 있어서 커피랑 케이크로 요기도 한다. 정말 이곳을 많이 드나들었다. 사진으로 이곳의 규모를 다 보여줄 수 없는 게 안타까울 따름.

작가후기라는 걸 두 번째 쓴다. 첫 번째 책은 언젠가는 '내 얘기를 종이에 찍어주겠다는 출판사가 있지 않을까' 하며 막연히 꿈꾸며 쓰기 시작했다. 두 번째는 '하나 더 찍어보자' 는 제안을 받고 '도저히 못한다' 고 튕기다가 쓴 것이니 '세상 참 오래 살고 볼 일' 이라는 말이 맞긴 맞다. 푼수 아줌마가 책을 두 권이나 쓰다니.

영어에 관련된 책이 서점에 넘쳐나는데 거기에 한 권 더하는 것만은 정말 하고 싶지 않다고 튕겼었다. 그나마 영어에 관해 쓴다면 주제는 '영어가 그렇게 중요하냐. 영어 공부 그만 좀 하고 놀아라.' 밖에는 나는 할 말이 없다고.

다행히 출판사에서 써지는 대로 써보라고 했고, 다 쓰고 나니 이렇게 한 권이 만들어졌다. 두 가지 언어를 쓰는 아줌마와 그녀의 가족이 영국에서 살아가는 이야기. 약간의 영국 문화, 영국학교 얘기를 첨가했고, 실제 영어로 이루어진 대화의 일부는 영어도 같이 넣었다. 독자들이 '이렇게 사는 아줌마도 있구나' 정도로 읽어주었으면 한다.

아들이 앉아야 할 무릎에 노트북을 주로 앉히고 지내온 엄마를 봐준 유원이, 내가 제일 싫어하는 빨래 너는 일을 구시렁대긴 했어도 열심히 해준 필한테 고마운 마음을 전한다. 이제 책 쓰는 거 끝났는데, 그럼 이젠 무슨 핑계로 빨래 너는 일을 피할까나.

한 가지 바람을 여기에 써본다. 같이 사는 남자는 내가 책에다 뭐라고 거짓

말을 했는지 평생 모르더라도, 유원이만큼은 내가 쓴 책을 좔좔좔 읽고 나서 아빠한테 '엄마가 책에다 아빠 욕 쓰지는 않았으니 다리 쭉 뻗고 주무세요'고 말할 수 있기를.

그리고

'아니, 미스코리아 당선되서 미용실 원장님께 감사드려요 하는 것도 아니고, 왜 꼭 작가후기에는 출판사 분들께 고맙다는 인사가 들어가는 거야?' 싶었는데 이번 책을 쓰고 나니 이유를 알 것 같다. 수많은 질문과 제안으로 책의 방향을 잡아주신 이민영 과장님께 나도 감사인사를 꼭 드리고 싶다.